Walter Möbius
Christian Försch

7 Wege
aus der Einsamkeit

Inhalt

Vorwort

Dieses Buch ist das Ergebnis einer Entdeckung. Wir hatten uns als Autorenpaar bei der Niederschrift des Bandes »Der Krankenflüsterer« kennengelernt und wollten uns danach dem Thema »Alt und abgeschoben« widmen. Wir sammelten Geschichten von betagten Menschen, die in Pflegeheimen lebten und um die sich niemand wirklich kümmerte, die vor sich hin siechten oder sich in Verzweiflung und Perspektivlosigkeit das Leben nahmen. Dabei merkten wir schnell: Das eigentliche Übel liegt tiefer als der sogenannte »Pflegenotstand«. Ob Heimbewohner Essen auf Rädern oder frisch gekochtes Gemüse, ob sie von einer Pflegerin zwei oder zwanzig Minuten Zuwendung am Tag bekommen, macht gravierende Unterschiede aus, aber die eigentliche Tragik dieser Menschen ist meist die tiefe Einsamkeit, in der sie leben.

Als wir dann anfingen, Menschen zu dem Thema zu befragen, schienen wir plötzlich offene Türen einzurennen. Überall, nicht nur bei den Senioren im Heim, auch bei den Pflegern, bei Kindern und Enkeln. Jeder hatte Geschichten beizutragen, schien nur darauf gewartet zu haben, jemand davon zu erzählen. Wir merkten, dass die Einsamkeit sich durch alle Lebensabschnitte und Gesellschaftsschichten zieht. Sie betrifft keinesfalls nur alte Menschen, Kranke oder andere »Randgruppen«, die, aus welchen Gründen auch immer, aus den verlässlichen sozialen Netzwerken gefallen sind. Ob Rentner, deren Leben in geregelten Bahnen verlaufen. Kinder, die eingebettet in ihrer Familie und Schule gut zu funktionieren scheinen. Ob Arbeitslose oder Leistungsträger auf dem Zenit ihres Erfolges, ob alleinerziehende, pflegende Angehörige, die in Alkoholismus, Depression, Burn-out driften: Sie alle können an Einsamkeit leiden. Viele von ihnen haben niemanden, dem sie sich anvertrauen, den sie um praktische oder moralische Unterstützung bitten können, niemanden, der ihr Leid teilen, verstehen, durch Anteilnahme mildern kann. Sie fühlen sich abgeschnitten von den anderen und bald auch von sich selbst.

Einsamkeit bleibt oft unerkannt, wird versteckt, sie ist hinterhältig, allgegenwärtig. Sie treibt seltsame Blüten, sodass Menschen über Internetplattformen und Agenturen nicht nur Lebens- und Sexualpartner suchen, sondern auch Kuschelpartys und professionelle Zuhörer, die ihre Aufmerksamkeit vermieten. In England hat man jüngst in einem Ministerium eine Stelle zur Bekämpfung der Einsamkeit eingeführt, in Deutschland will man nachziehen. Immerhin, das Problem wird endlich nicht mehr totgeschwiegen.

Es schien, als sei ein Tabu gebrochen. Auch zwischen uns. Wir fingen an, über unsere eigenen Erfahrungen mit Einsamkeit zu reden, und stellten fest: Wir kennen das Gefühl nur zu gut. Wie wir beide Einsamkeit erlebt und immer wieder überwunden haben, gehört zur Geschichte und den Geschichten dieses Buches.

10

Ich, Christian Försch, habe als Kind unter der Isolation des Zugezogenen gelitten, ich habe mich in dem unterfränkischen Dorf immer und überall fremd gefühlt, in der Kirchengemeinde, der Fußballmannschaft, der Klasse – und letztlich auch in der eigenen Familie.

Und ich, Walter Möbius, erlebte Einsamkeit schon als Siebenjähriger. Im Zuge der Kinderlandverschickung wurde ich zwei Tagesreisen von meiner Familie entfernt auf einen Bauernhof in Schlesien verbracht. Als ich dann später Arzt wurde und sowohl in der Psychiatrie wie in der Inneren Medizin arbeitete, musste ich immer wieder versuchen, Patienten nicht nur aus ihrer Krankheit, sondern auch aus ihrer Isolation zu lotsen.

Ist also Einsamkeit ein universelles Gefühl, so alt wie die Menschheit? Natürlich, das ist sie. Sie gehört zum Menschsein, ist ein Gefühl, das jeder Mensch in seinem Leben erfährt. Und doch hat sie in unserer Gesellschaft eine neue Qualität angenommen. Die Anforderungen durch unsere immer effizientere, kurzlebigere Arbeitswelt führen zu Dauerstress, zu Burn-out und in die Einsamkeit.

»Wir leben in einer Zeit, in der der Zusammenhalt unserer Gesellschaft sich immer schneller aufzulösen scheint, in der Egoismus, Gewalt und Niedertracht die Qualität unseres Gemeinschaftslebens zu untergraben scheinen«, schrieb der Amerikaner Daniel Goleman schon vor zwanzig Jahren in seinem Buch »EQ. Emotionale Intelligenz«[1].

Innerhalb weniger Generationen ist unser Gemeinwesen, das sich einst in Kirchengemeinden, in Großfamilien, Vereinen, Blaskapellen, in gemeinsamer Arbeit auf dem Feld oder in Werksschichten versammelt, das gemeinsam gebetet, gesungen und gegessen hat, in Monaden zerfallen. Wir werden in einem reißenden Daten- und Optimierungsstrom über den Globus gespült, von den Konzernen auf fremde Kontinente gebeamt. Oder wir haben den Zeitgeist verinnerlicht und sind selbst ständig auf der Suche nach dem nächsten Karrieresprung, dem smarteren Partner, dem günstigeren Standort, dem nächsten Kick. Die Welt teilt sich in Gewinner und Verlierer, jeder kämpft gegen jeden, jenseits der Bettkante beginnt das Feindesland. Oder diesseits? Der Stress setzt schon im Vorschulalter ein, wo Kleinkinder getestet, selektiert, optimiert werden, und er endet in den Verwahranstalten der Gebrechlichen, die keine Wirtschaftsleistung mehr erbringen und deshalb als »Ausschuss« unserer Gesellschaft empfunden und an den Rand geschoben werden.

Zudem ist Einsamkeit in unserer Welt der effizienten Macher ein Makel, ein Tabu. Das gute Netzwerk ist zum Aushängeschild geworden, Teil des Sozialstatus. Wer einräumt, einsam zu sein, beichtet einen Defekt. Er stigmatisiert sich, treibt die anderen zum Rückzug, wird noch einsamer.

»Einsamkeit erzeugt das Bedürfnis nach Anschluss, aber auch Gefühle von Bedrohung und Furcht. Mit zunehmender Intensität dieses Erlebens bewirkt das Gefühl des Bedrohtseins die Tendenz, anderen kritisch gegenüberzustehen« [2], hat der Einsamkeitsforscher John T. Cacioppo festgestellt. Ein Teufelskreis. Der Teufelskreis der Vereinsamung.

Sieht man sich zum Beispiel die Persönlichkeitsprofile der Amokläufer an, so wird man auf den ersten Blick wenige Gemeinsamkeiten zwischen ihnen finden. Bei genauerem Hinsehen erkennt man jedoch: Sie sind fast ausnahmslos männlich, kommen aber aus den unterschiedlichsten sozialen und kulturellen Milieus. Und alle litten vor ihrer Tat unter Einsamkeit, unter der totalen Isolation des Mobbingopfers, des entwurzelten Immigranten oder des vom Leistungsdruck Über-

12

forderten (wie etwa der Pilot Andreas Lubitz, der im März 2015 die Germanwings-Maschine mit Absicht gegen die Felsen steuerte). Zum IS und dessen Rekrutierungserfolgen in unserer Gesellschaft schreibt der Psychotherapeut und Neurologe Joachim Bauer: »Bevor sich die Betroffenen einer Terrorgruppe angeschlossen hatten, (…) handelte es sich durchweg um fern von ihrer Heimat unter sozialer Isolation lebende und dringend nach Gemeinschaft suchende junge Leute arabischer oder fernöstlicher Herkunft. Da ihnen aber diese Gemeinschaft in den westlichen Ländern, in denen sie lebten, offenbar versagt blieb, hatten sie der Studie zufolge den Anschluss dann im Umfeld radikalisierter religiöser Gruppierungen gefunden …«[3]

Aber wie kommt man der Einsamkeit bei, wenn sie sorgfältig versteckt wird? Wie kann man den Teufelskreis der Vereinsamung aufbrechen?

Mit unserem Buch wollen wir zweierlei liefern: Diagnose und Therapie. Das heißt, wir wollen die Anzeichen von Vereinsamung benennen, um Kriterien für eine Selbsteinschätzung zur Verfügung zu stellen. Vor allem aber wollen wir konkrete Hilfestellungen zur Überwindung der Einsamkeit geben.

Unsere neoliberale Umwelt, die Profit über menschliche Werte stellt, lässt sich vom Einzelnen nicht stoppen. Und doch sind wir nicht machtlos. Wir leiden unter diesem Druck, und wir müssen uns dagegen wehren. Um unser aller Leben lebenswerter zu gestalten und der »epidemischen Verbreitung«[4] von Einsamkeit entgegenzuwirken. Wir glauben, wie Mahatma Gandhi, dass, wer die Welt verändern will, bei sich selbst anfangen muss. Es geht um die Gesundheit des Einzelnen, zu der die Erfahrung von Gemeinschaft nötig ist. Es ist gut, dass der Staat das Problem angehen möchte. Aber mit Mehrgenerationen-WGs, Kulturinitiativen und veränderter Infrastruktur wird man nicht alle Betroffenen erreichen. Denn wer erst einmal in der Vereinsamung gefangen ist, nimmt Hilfe oft nicht mehr an. Deshalb wollen wir mit diesem Buch beim Einzelnen ansetzen, wollen helfen, das Auge zu schärfen und das Herz zu öffnen, wollen praktische Mittel an die Hand geben, mit denen man sich aus der Einsamkeit lösen und eine neue Kultur des Miteinanders entwickeln kann. Denn ebenso wie Einsamkeit »ansteckend« sein kann, so ist es auch das Gegenteil: das Miteinander. So wie die Einsamkeit überall lauert, kann man ihr auch überall entgegenwirken. Man kann seine emotionale Intelligenz und sozialen Fähigkeiten schulen, man kann sich gegen Stress und Leistungsdruck wappnen und Neugier, Offenheit und den Sinn für Gemeinschaft stärken. Manchmal sind ein freundliches Wort, eine Geste der Zuwendung, ein paar Sekunden Aufmerksamkeit schon Impulse, die neue Zuversicht in einem Menschen wecken. Unsere sozialen Fähigkeiten sind wie Muskeln, sie werden gesteuert über neurobiologische Vorgänge, die sich trainieren lassen. Unser Buch liefert dafür Trainingsansätze.

Der erste Schritt, nämlich sich zu öffnen, ist immer riskant. Wir wollen Wege aufzeigen, mit denen man den Mut dazu aufbringt und das Risiko, noch weiter verletzt und von der Gemeinschaft ausgesondert zu werden, verringert. Und wir wollen erläutern, wie die Gesellschaft, wie Institutionen, aber auch Mitmenschen Hilfestellung geben können, um Einsame aus ihrer Isolation zu befreien.

Die Leistungs- und Kommunikationsgesellschaft hat einen modernen Helden kreiert: stark, produktiv, optimistisch, flexibel, mobil und unabhängig. Der Prototyp des Einzelkämpfers. Eine Illusion. Unser Buch ist ein Plädoyer für die

Beziehungsgesellschaft, in der wir unsere sozialen Instinkte nicht mehr nur als evolutionären Ballast einer Ära ansehen, in der wir außerhalb der Gemeinschaft verhungert, erfroren oder von Raubtieren zerrissen worden wären. Wir sind auch heute noch soziale Wesen, die nicht nur ein natürliches Bedürfnis nach Gemeinschaft empfinden, sondern Lebenssinn und Glück aus der Resonanz durch andere beziehen. Unser Gemeinschaftssinn ist kein Hemmschuh für Fortschritt. Im Gegenteil.

Die 7 Wege

In den sieben zentralen Kapiteln dieses Buches finden Sie Fallbeispiele, die meist zeigen, wie man in die Einsamkeit geraten kann. Am Ende jeden Kapitels stehen Wegweiser, die helfen sollen, diese Dynamik umzukehren.

Da Einsamkeit viele Gesichter hat, könnte es sein, dass nicht alle dieser Empfehlungen für Sie realisierbar oder hilfreich sind. Je nach Lebenslage, Alter, Mobilität, Grad der Einsamkeit, werden die Wegweiser für Sie unterschiedlich nützlich sein. Einige zielen eher auf Prophylaxe ab, andere auf eine Befreiung aus einer inneren Einsamkeit, wieder andere zeigen Wege aus der sozialen Isolation mit konkreten Ratschlägen. Dabei wollen wir auch Impulse zur Weiterentwicklung der Persönlichkeit geben, denn ein selbstbewusster und authentischer Mensch kann leichter tiefe, befriedigende Bindungen eingehen und mit Rückschlägen umgehen. Soziale Einbindung ist nichts Feststehendes, sondern begleitet unser ganzes Leben.

Verlangen Sie nicht zu viel von sich, sondern konzentrieren Sie sich auf realistische Etappenziele. Sie sollten alle Wege aus der Einsamkeit in kleinen Schritten gehen und sich für jede bewältigte Aufgabe belohnen. In diesem Sinne wünschen wir Ihnen eine gute und erfüllte Reise.

Wege
aus der Einsamkeit

Was ist Einsamkeit?

Der Einsame ist nur der Schatten eines Menschen,
und wer nicht geliebt wird,
ist überall und mitten unter allen einsam.

George Sand

Es gibt viele Arten von Einsamkeit. Doch bevor wir uns diese genauer ansehen, möchte wir zunächst eine Grundfrage klären: Was ist eigentlich Einsamkeit?

Jeder von uns hat sie bereits erlebt und wird sagen: Na ist doch klar. Einsamkeit, das ist … das unangenehme Gefühl, isoliert, abgeschnitten von anderen zu sein.

Einsamkeit erlebt der Student in der fremden Stadt in der Anonymität des Universitätsbetriebs. Das Kind, das in eine neue Klasse kommt. Der Pubertierende, der sich von seinen Eltern nicht mehr verstanden fühlt, ja, der sich selbst nicht mehr versteht und sich beim Blick in den Spiegel verwundert fragt: »Das soll ich sein?« Der Ehepartner, der plötzlich in der halb leeren Wohnung sitzt, weil der andere ihn verlassen hat. Freiwillig oder nach einer schweren Krankheit. Vielleicht ist er noch physisch anwesend, aber die Gespräche sind schon vor Jahren versiegt, das Gefühl füreinander verloren gegangen. Es gibt Menschen, die sich ihr Leben lang einsam fühlen, gerade in Gesellschaft. »Man ist immer am einsamsten in großen Städten, am Hofe, im Parlamente, unter seinen Kollegen; dort fühlt man sich mitunter wie ›unter Larven die einzige fühlende Brust‹. Aber im Walde fühle ich mich niemals einsam«, sagte Otto von Bismarck.

Im Durchschnitt verbringen wir rund achtzig Prozent unserer Zeit mit anderen. Doch die Anzahl der Menschen, mit denen wir uns umgeben, und die Häufigkeit der Begegnungen sind nicht der Gradmesser für unser Gefühl von Einsamkeit.

Der Leuchtturmwärter auf der Insel kann weniger einsam sein als der Manager, der rund um die Uhr von Mitarbeitern, seiner Frau und Kindern, vielleicht gar einer Geliebten umgeben ist. Das Bedürfnis nach Gesellschaft ist individuell unterschiedlich. Die Ansprüche, die wir stellen, sind es auch.

Worin besteht dann also Einsamkeit? Es kommt nicht auf Anzahl, sondern Qualität der Sozialkontakte an, darauf, wie sehr uns diese Kontakte erfüllen. Spüren wir einen Mangel, dann leiden wir unter Einsamkeit. Sie ist das schmerzhafte Gefühl, dass unsere Sehnsucht nach Bindung unbefriedigt bleibt. Wichtiger als die Anwesenheit anderer Menschen ist also Bindung. Auch über große räumliche Distanzen, ja Zeiträume hinweg.

Wenn sich dagegen das Gefühl des Mangels einstellt, kann dies an verschiedenen Faktoren liegen: Vielleicht haben wir besonders hohe Ansprüche an Bindung, reagieren besonders empfindlich auf Signale, die uns Distanz zu anderen weisen. Vielleicht leben wir in Beziehungen, in denen wir uns nicht

20

verstanden und gesehen fühlen. Und wenn wir dies äußern, reagiert das Gegenüber zudem noch mit Verständnislosigkeit. Dann fühlen wir uns noch einsamer.

Doch wenn Einsamkeit Leid verursacht, wenn sie uns hemmt, stresst und in die Defensive treibt – wozu gibt es sie dann? Welchen evolutionären Zweck erfüllt sie?

Das Asch-Experiment

Edward war nervös, als er den Raum betrat. Er hatte sich in einer fremden Fakultät für einen Sehtest gemeldet, weil es ein kleines Honorar dafür gab. Sein Augenlicht war exzellent, aber trotzdem sah er sich unsicher um: ein normaler Seminarsaal. An hufeisenförmig aufgestellten Tischen saßen sieben Studenten, die er nicht kannte. Sie schienen sich nicht besonders für ihn zu interessieren.

Der Professor kam herein, ein freundlicher Herr, der kurz den Ablauf erklärte. Der Test sei simpel. Jeder würde zwei Karten bekommen. Auf der einen Karte war ein einzelner Strich, auf der anderen drei von unterschiedlicher Länge. Einer der drei Striche stimmte mit der Länge des Einzelstrichs überein. Man sollte ihn benennen.

Edward bekam seine Karten. Er drehte sie um und verglich die Striche. Eindeutig, dachte er, der mittlere auf der Dreierkarte war so lang wie die Linie auf der anderen Karte.

Der Professor bat den ersten Studenten um die Lösung. »Der linke«, sagte dieser.

Was?, dachte Edward, das kann doch nicht sein.

Der nächste Student wurde befragt. »Der linke«, sagte er ebenfalls. Edward suchte Blickkontakt zu seinem Nachbarn. Doch dieser schaute ihn nur gleichgültig an.

Die Studenten gaben, der Reihe nach, dieselbe Antwort: »Der linke.« Edward prüfte die Linien noch einmal genauer, verschob die Karten.

Gleich wäre er an der Reihe. Was sollte er sagen? Sein Blick sprang hastig hin und her zwischen den Karten, den Studenten, dem Professor.

»Und Sie?«, fragte der Professor. »Was meinen Sie?«

Edward zögerte, nahm seinen Mut zusammen und sagte: »Der mittlere.« Stille. Keiner reagierte, keiner protestierte. Und das verwirrte Edward noch mehr. Wunderten sich die anderen nicht?

Die nächste Serie wurde ausgegeben. Diesmal war die rechte Linie auf der einen Karte genauso lang wie die Einzellinie. Edwards Puls beruhigte sich. Bis der erste Student drankam und sagte: »Die linke.«

Bei der sechsten Runde konnte Edward sich nicht mehr richtig konzentrieren. Die Karten in seiner Hand zitterten. Die linke, dachte er, nein, die mittlere. »Die linke«, sagte der erste Student. Die linke?, dachte Edward. Ja, kann sein. »Die linke«, sagte der zweite Student. »Die linke«, sagte der dritte, der vierte. Und jetzt sah es auch Edward. Sie hatten recht. Wie hatte er nur zweifeln können? Er hatte die Karte schräg gehalten, in der richtigen Perspektive erkannte man es: »Die linke«, sagte er – und fühlte sich sofort besser.

Was die Testperson, die wir in unserer freien Nacherzählung Edward genannt haben, nicht wusste: Sie nahm nicht an einem Sehtest teil, sondern an einem psychologischen Experiment.

Die ganze Situation war eine Inszenierung, mit Schauspielern, die nur eine Aufgabe hatten: eine falsche Antwort zu geben. Systematisch. Alle dieselbe. Edward sollte mit seiner (richtigen) Meinung isoliert werden.

22

Solomon Asch, so hieß der Professor, wollte nämlich untersuchen, wie Gruppenzwang wirkt. Und das erschreckende Ergebnis war, dass Menschen, die mit ihrer Meinung allein dastehen, irgendwann umfallen. Sie passen sich der Mehrheit an, weil sie den Stress nicht ertragen, isoliert zu sein.

Im Laufe der Jahrzehnte hat man den Test erweitert und durch Hirnscans geschärft. Dabei ist Erstaunliches zutage getreten. Es stimmt, dass die meisten Menschen sich der Mehrheit anpassen. (Etwa ein Viertel bleibt standhaft, lässt sich nicht von der eigenen Meinung abbringen.) Allerdings geschieht dies wohl nicht aus »Falschheit« und »Feigheit«. Fast noch gespenstischer ist nämlich, dass das Gehirn die Informationen des Sehnervs so umzugestalten scheint, dass man irgendwann tatsächlich, unter dem Einfluss der anderen, das Falsche »sieht«.

Allerdings hat man bei den Tests noch etwas Verblüffendes festgestellt: Gibt es einen weiteren »Studenten«, der mit seiner Meinung von der Mehrheit abweicht – und diese Meinung muss nicht einmal mit Edwards übereinstimmen –, dann fällt Edward nicht um. Dann sieht und sagt er konsequent das Richtige.

Wir können also festhalten: Allein gegen alle, das hält keiner aus. Mit einem einzigen Verbündeten kann man es mit dem Rest der Welt aufnehmen.

Dass wir Einsamkeit als derart schmerzlich und verstörend empfinden, beweist, dass wir soziale Wesen sind. Immer und überall. Tatsächlich können wir Erfahrungen nur sammeln, wenn wir sie mit anderen abgleichen. Schon ein Kleinkind, das sich am Tisch stößt, blickt zuerst in das Gesicht seiner Mutter, um das Ausmaß seines Malheurs zu verstehen. Erst danach fängt es, entsprechend heftig, zu weinen an. Auch als

Erwachsene entschlüsseln wir die Welt, ja uns selbst, nur im Zusammenspiel mit anderen. Instinktiv richten wir unser Verhalten nach den Signalen der Mitmenschen aus. In ihren Bewegungen, in ihrer Mimik und Gestik, im Tonfall erkennen wir, ob wir in Gefahr sind, ob wir attraktiv, langweilig, geschätzt oder bizarr sind. Sie geben uns Wärme und Halt, ohne die wir nicht existieren können. Fehlt die Resonanz im sozialen Raum, dann leiden wir. Es kann so schlimm sein, dass wir daran sterben.

»Zu den eindrucksvollsten Beispielen, was ein gezielter und vollständiger Ausschluss aus dem sozialen Spiegelungs- und Resonanzraum bewirken kann, zählt der Voodoo-Tod in einigen sogenannten primitiven Völkern. (…) Übertritt in einem solchen Volk ein Stammesmitglied ein heiliges Verbot, ein Tabu, dann führt dies zu einem Urteil, das den Betroffenen vollständig aus der Gemeinschaft ausschließt. Man gibt ihm den Auftrag zu sterben. Diese allumfassende Verstoßung hat zur Folge, dass der verzweifelte Betroffene ohne sonstige äußerliche Einwirkung tatsächlich innerhalb kurzer Zeit stirbt«, schreibt der Psychotherapeut Joachim Bauer[5].

Innere und äußere Einsamkeit

Sophie saß beim Frühstück, als Dr. Welsch, der Leiter des Altenstifts, an ihre Tür klopfte. Sie freute sich – wie über jeden Besuch.

»Wie fühlen Sie sich?«, fragte Dr. Welsch.

»Gut.« Sophie war 92 Jahre alt, rüstig und luzide.

»Keine Anzeichen von Übelkeit, Schwäche, Appetitlosigkeit?«

»Nein. Wieso?«

24

»Leider grassiert bei uns das Norovirus, und wir müssen die Bewohner unter Quarantäne stellen.«

Das gefiel Sophie ganz und gar nicht. Eine Quarantäne hatte sie schon einmal erlebt, vor vielen Jahren auf einem Ozeandampfer im Hafen von Marseille. Vierzig Tage in einer Kabine, von der aus sie das Treiben auf den Kais und das Flattern der weißen Segel hatte beobachten können, selbst in Gesellschaft ihres Mannes Reinhard eine zermürbend lange Zeit.

»Bitte melden Sie umgehend verdächtige Symptome. Wir haben einen Notdienst eingerichtet und werden Ihnen das Essen aufs Zimmer bringen, das Sie bis auf Weiteres nicht verlassen dürfen.«

Sie hatte den Zweiten Weltkrieg überlebt, die Flucht aus Ostpreußen, eine Rebellion in Namibia und zwei Hüftoperationen. Da würde sie ein Norovirus nicht kleinkriegen, dachte Sophie.

Sie sollte sich irren.

Nachdem Dr. Welsch gegangen war, machte sie einen Plan. Dass sie am nächsten Tag nicht zum Bridgespielen durfte, war für sie der härteste Schlag. Denn sie liebte es, wenn ihr türkischer Lieblingsfahrer sie mit seinem Mercedes in die Innenstadt chauffierte und ihr dabei die schönsten Komplimente machte. Dieses Ritual ließ sie einen Hauch der großen weiten Welt spüren, es war Sauerstoff für eine Woche. Sie würde stattdessen ihre Kinder anrufen. Sie würde fernsehen und lesen und natürlich mit Herta reden, ihrer Freundin im Heim.

»Wer weiß, wie lange die uns einsperren«, jammerte Herta, als wäre sie nicht zwei Türen weiter, sondern irgendwo in einem Straflager.

»Es geschieht nur zu unserem Besten. Wir können außerdem reden, solange wir wollen.«

25

Die beiden Freundinnen hätten unterschiedlicher kaum sein können. Sophie entstammte ostpreußischem Landadel, Herta einer westdeutschen Fleischer-Dynastie. Sophie mochte Hertas spontane, manchmal etwas direkte Art. Sie selbst war in einem weltoffenen Haus erzogen worden, inmitten von polnischen Melkerinnen und englischen Gouvernanten, litauischen Viehhändlern und Berliner Beamten. Später hatte sie mit ihrem Mann, einem Auslandskorrespondenten und Dokumentarfilmer, in Afrika und Lateinamerika gelebt. Sie hatte einen Blick für die Eigenheiten und Schwächen der Menschen, auch für ihre eigenen. Aber dieser Blick war voller Humor und Wohlwollen.

Nach drei Tagen stieg die Temperatur plötzlich auf 37 Grad. Sophie schloss die Vorhänge und ließ die Rollläden herab, weil ihre Fenster auf der Südseite lagen. Sie hörte die Grillen zirpen wie in ihrer Kindheit, wenn der süßliche Duft des reifen Weizens über den Feldern lag. Sie bekam Heimweh nach einer Zeit, die nie zurückkommen würde.

Ihr Hausarzt kam vorbei, untersuchte sie und redete ihr ins Gewissen: »Sie müssen mehr trinken. Das vergessen Menschen in Ihrem Alter zu oft.«

»Was haben Sie gegen mein Alter?«

»Nichts.«

»Vergesslich bin ich auch nicht. Fragen Sie im Bridgeklub.«

Sie rief ihre Freundin an, aber Herta wirkte deprimiert. »Hast du dich angesteckt?«, fragte Sophie.

»Mich macht das Alleinsein verrückt.«

»Soll ich rüberkommen?«

»Nein, das dürfen wir nicht.«

»Merkt doch niemand.«

»Ich habe auch Durchfall.«

Die nächsten Tage wurden zäher und zäher. Sophie hoffte,

26

dass die Gefahr bis zum nächsten Bridgetermin gebannt sein würde. Sie wartete darauf, dass wieder Türen schlugen und Stimmen auf dem Korridor zu hören waren. Sie rief ihre Kinder an, und es versetzte ihr einen Stich, als sie die Ungeduld in deren Stimme bemerkte. Die Leitung konnte die Tausende Kilometer Distanz nicht aufheben, die vielen Jahre, die sie getrennt waren. Sie war ihren Kindern lästig.

Sie betrachtete Reinhards Foto im Silberrahmen. Im Frack, beim Presseball. Damals war er bekannt, sie überall gefragt und eingeladen gewesen. Sie sah wieder, wie er in der Dusche lag, mit zur Faust geballter Hand. Sie wählte die Nummer von Herta. Umsonst.

Also rief sie den Notdienst an. »Sie müssen sofort nach Herta Schulze sehen.«

Sie legte auf und wartete auf einen Rückruf. Sie stellte den Fernseher an und setzte sich in den Lehnsessel neben dem Telefon, im Magen ein flaues Gefühl. Hatte sie am Morgen überhaupt gefrühstückt? Ihre Erinnerungen waren auf einmal schwammig, ihre Beine zittrig. Hatte sie sich angesteckt? Sie wählte wieder die Nummer des Notdienstes.

»Sind Sie ebenfalls erkrankt?«, fragte der Mann.

Sophie wusste es nicht. »Frau Schulze … Ich wollte mich erkundigen, wie es ihr geht.«

»Das ist eine Notfallnummer.«

Er hatte aufgelegt.

Sophie war gekränkt. Sie hatte ihr Leben stets mit Anstand und Vernunft gemeistert, sie würde nicht zulassen, dass sie die Kontrolle verlor. Ein Norovirus in ihrem Alter, der Brechdurchfall, die Schwäche. Wenn sie nicht mehr rechtzeitig aus dem Bett und auf die Toilette kam?

Als ihr Hausarzt am nächsten Tag nach ihr sehen wollte, fand er sie reglos in ihrem Bett. Auf dem Nachtkästchen stand eine angebrochene Flasche Rotwein, daneben mehrere Tablettenröhrchen. Sie hatte offensichtlich nichts dem Zufall überlassen.

Der Hausarzt war bestürzt. Selbstmordgedanken hatte er bei Sophie niemals vermutet. Die gehorteten Schlafmittel und der Alkohol neben dem Nachtkästchen ließen jedoch vermuten, dass sie einen Suizid schon länger in Erwägung gezogen hatte. Und die brutale Umsetzung zeigte das ganze Ausmaß ihrer akuten Verzweiflung.

Es ist hilfreich, zwischen äußerer und innerer Einsamkeit zu unterscheiden. Sophie, deren offene Art sie ein Leben lang gegen Einsamkeit gewappnet hatte, wurde Opfer der äußeren Umstände, einer extremen Isolation, gepaart mit einer Verdüsterung ihres Bewusstseins, die womöglich auch durch Dehydrierung bedingt war. Für äußere Einsamkeit sorgen situative Umstände, die einen Menschen aus vertrauten Bindungen reißen, etwa weil seine Firma ihn in eine fremde Stadt versetzt, weil er pensioniert wird, weil er ins Altersheim zieht und sein Umfeld verliert oder weil er im Zuge der »Kinderlandverschickung« evakuiert wird. Denn auch die Einsamkeit, die ich, Walter Möbius, während des Kriegs in Schlesien erlebt hatte, war eine durch äußere Umstände verursachte. Den Hof in Alt-Guhrau hatte ich zwar schon nach kurzer Zeit als mein Zuhause empfunden. Die Natur, die Tiere und die Freiheit erschienen mir nach den Bombennächten und Tieffliegern, die ich zu Hause erlebt hatte, wie ein Paradies. Zwei Franzosen, Kriegsgefangene, die tagsüber auf dem Bauernhof arbeiteten und nachts in einem Lager schliefen, wurden meine besten Freunde. Aber dann änderte sich unser Alltag, immer häufiger wurde unser Hof von Nazibeamten besucht, die Überwachung der Kriegsgefangenen wurde verschärft.

28

Eines Tages blieben die beiden Franzosen, André und Julien, plötzlich weg. »Neue Dispositionen, sie werden bald wiederkommen«, sagte die Bäuerin zu mir.

Aber die Sache ließ mir keine Ruhe. Und so bog ich eines Morgens von meinem Schulweg ab und stapfte durch den tiefen Schnee zum Lager. Den Weg kannte ich gut, oft hatte ich André und Julien am Abend begleitet und ihnen vom Tor aus noch einmal zugewinkt. Als ich die Wachtürme im Morgenlicht sah, den mit Raureif überzogenen Zaun, traf es mich wie ein Schock. Plötzlich brach eine Welt für mich zusammen. Meine Welt. Das Lager war verlassen. Keine Soldaten, keine Pferde, keine Gefangenen, kein André, kein Julien waren mehr da. Ohne einen Gruß, eine Nachricht. Nie wieder würde ich mit André und Julien auf dem Bock des Pferdewagens sitzen und in die Kreisstadt fahren, um die Milch zum Markt zu bringen, nie wieder zwischen ihnen, französische Chansons singend, hinter dem Pflug herstapfen.

Einsam und verlassen stand ich in einer tief verschneiten Ödnis, an der Ostgrenze des Deutschen Reichs. Aus den Schneeschleiern, die der Wind herantrug, grollten die Geschütze. Ich fühlte mich verloren, ohne festen Boden unter den Füßen. Jetzt wusste ich, dass die Wahrheit eine andere war, als das, was die Bäuerin und der Lehrer mir immer erzählt hatten.

Ich tastete nach der Postkarte, die meine Mutter, eingeschlagen in Wachstuch, in meine Jacke eingenäht hatte, ihre geschwungene Handschrift, ihre warme Stimme, das Rascheln ihres Kleides, in dem ich sie das letzte Mal gesehen hatte. Es schnürte mir den Hals zu.

Ich machte mich langsam auf den Nachhauseweg. Für die Schule war es viel zu spät. Ich wollte nicht auch noch bestraft werden, schlich mich wie ein Dieb auf den Hof und drückte mich von hinten an den Kuhstall, trat in das schummrige Licht, den dampfenden würzigen Gestank des Stalls, setzte mich in eine Ecke ins Stroh und rief nach der Gans, die ich gezähmt hatte. Sie kam angewatschelt, ich drückte meinen Kopf an ihren warmen, flauschigen Hals und fing an zu weinen. Der Vogel knabberte an meiner Mütze und schlug mit den Flügeln, als wollte er mich aufmuntern, und nach einer Weile fühlte ich mich tatsächlich ein wenig besser …

Sophies und mein Fall mögen besonders drastische Beispiele einer plötzlich eintretenden Isolation sein. Doch ist die Erfahrung einer Isolation von einem Tag auf den anderen gar nicht selten. Ein häufiges, aber dennoch besonders schmerzhaftes Beispiel für eine durch die Lebensumstände, also quasi von außen verursachte Einsamkeit ist der Tod des Lebenspartners, mit dem man den Alltag, Gefühle, Werte und viele Erinnerungen geteilt hat. Das emotionale Heim in der Welt. Auch plötzliche Arbeitslosigkeit, Krankheit oder Migration können solche äußeren Auslöser sein. Alle Menschen leiden, in je unterschiedlicher Intensität und Dauer, unter derartigen Umstellungen, selbst wenn sie sich vorher vielleicht lange auf genau so eine Veränderung gefreut hatten: auf den Ruhestand zum Beispiel, auf den Umzug in eine Großstadt, womöglich gar auf den Auszug der Kinder. Trennungen bedeuten Verlust und Schmerz. Immer. Doch jeder Mensch hat eine andere Widerstandskraft und eine andere Art, sich an derlei Veränderungen anzupassen. Ein psychisch Gesunder wird den Verlust irgendwann überwinden, seine Wunden werden vernarben, und er wird seine sozialen Antennen neu ausrichten.

Sophie war ein Mensch, der durch Neugier und Vorurteilslosigkeit überall ein gesundes soziales Netzwerk entwickelte. Die Dialoge waren keine aufgesetzte Konvention, sondern echtes Interesse am anderen. Für sie hatte Lebensqualität vor allem mit sozialem Leben zu tun. Und eine so plötzliche Isolierung überstieg selbst ihre Kräfte und ihre Anpassungsfähigkeit.

Im Gegensatz zur äußeren hat innere Einsamkeit ihre Wurzeln in der jeweiligen Persönlichkeit des Betroffenen. Es gibt Menschen, die mit vielen Geschwistern, in einer offenen Familie, inmitten von Trubel und reichhaltigem sozialem Miteinander aufwachsen und sich trotzdem nicht zugehörig, fremd und ausgeschlossen fühlen. Wir werden später noch darauf zurückkommen, welche Faktoren die Persönlichkeit und damit auch unser Einsamkeitsgefühl prägen. Und wir werden sehen, wie man behutsam und beharrlich Korrekturen vornehmen kann.

Natürlich werden sich innere und äußere Einsamkeit immer bedingen, die Übergänge sind fließend, und da Einsamkeit ein subjektives Gefühl ist, bleibt der Kern der Einsamkeit ein innerer. Trotzdem ist es produktiv, diese Einflussfaktoren zu unterscheiden. Denn so kann man sich selbst und die Ursachen der eigenen Einsamkeit besser einordnen. Lebt man in einer Übergangsphase, dann muss man allein im Außen neue Wege gehen, etwa sich einem Verein anschließen, sich ein neues Hobby suchen. Oder liegt das Problem in den tieferen Schichten der Persönlichkeit verborgen, dann muss man Korrekturen an seinem Selbst- und Weltbild vornehmen, womöglich sogar mit einem Therapeuten arbeiten. Denn sich selbst aus dieser Glasglocke aus Scham, Schüchternheit, Krittelei, Schuldgefühlen und Ähnlichem zu befreien ist nicht leicht.

1. Weg
Raus aus der Stressfalle

Einsam durch Stress

Es gibt keine Gesellschaft, es gibt nur Individuen.

Margaret Thatcher

Sie kommen am Abend aus einer lärmerfüllten Kneipe, in der Sie sich mit Ihren Freunden getroffen haben. Gut gelaunt und ganz entspannt, freuen Sie sich auf zu Hause, wo Ihr Partner/ Ihre Partnerin auf Sie wartet. Sie biegen in die Gasse ein, in der Ihr Auto parkt, können aber in Ihrer Tasche den Schlüssel nicht finden.

»Na?«, sagt eine Stimme aus der Dunkelheit. Vor Ihnen steht ein Mann. Nein, es sind zwei. Vermummte Gesichter, ein Springmesser.

»Glotz nicht! Das Geld und das Handy!«, brüllt der eine. »Schnell, verdammt«, der andere, er rempelt Sie an, das Messer zeigt in Richtung Ihres Halses.

Plötzlich verändert sich Ihre Wahrnehmung. Den Stoß an der Schulter spüren Sie nicht, nur die Aggression, und blitzschnell bereiten Sie sich auf die Reaktion vor. Die angenehmen Erinnerungen und die heitere Stimmung sind ausgelöscht. Sie müssen jetzt nur eine Frage beantworten: Was tun? Kämpfen, nachgeben oder fliehen?

Unser Organismus ist ein Wunderwerk an Reaktionsschnelligkeit, er implodiert und explodiert gleichzeitig, sorgt für eine gewaltige Energiemobilisierung. In Sekundenbruchteilen schüttet er Hormone aus wie Adrenalin, Noradrenalin und Cortisol, unser Blutdruck steigt, ebenso Herzschlag, die Blutgefäße in der Körperperipherie verengen sich, dafür schießt mehr Blut in die Muskulatur, die uns zu Actionhelden machen kann, die Wahrnehmung verengt sich auf elementare Funktionen: Wie groß sind die Kerle? Kann ich sie entwaffnen? Haben sie Komplizen? Kann ich Hilfe holen? Die Frage »Kampf oder Flucht« ist vielleicht in Windeseile zugunsten der Fluchtoption entschieden. Dann »scannen« Sie blitzschnell die Umgebung ein: Gibt es Verstecke? Hindernisse, mit deren Hilfe ich die Räuber abhängen kann? Wahrnehmungs- und Denkprozesse werden in Millisekunden durchlaufen. Das Super-Benzin in Ihren Muskeln wartet darauf, verbrannt zu werden. Sie rennen, springen, werfen womöglich mit einer Bierflasche, die auf einem Stromkasten steht usw.

Vielleicht sind Sie auch im Nahkampf ausgebildet und entschließen sich zur Konfrontation. Dann treten Sie nach dem Messer des einen, nach dem Unterleib des anderen. Womöglich stecken Sie Hiebe und Stiche ein, doch Ihr Körper ist nahezu schmerzunempfindlich, bewegt sich mit einer Art Autopilot durch das lebensbedrohliche Szenario. Mit nur einem Programm: überleben.

Unsere gesamte schillernde Gefühls- und Gedankenwelt ist in dieser Phase abgeklemmt. Stattdessen arbeitet ein besonderer Leitweg im Gehirn, ein »Krisentelefon«, das vom Mandelkern zum Kleinhirn reicht, unter Ausschaltung der komplexen Areale im Großhirn, in denen z. B. moralische Erwägungen, Seemannsknoten oder Partituren archiviert sind.

Wenn alles gut geht und Sie ein bisschen besser in Form sind als die beiden Angreifer, dann haben Sie schnell eine belebte Straße erreicht oder sind wieder in der Kneipe. Durch andere Menschen, Zeugen geschützt. Oder Sie haben den beiden Geld und Wertsachen gegeben, und die Räuber verschwinden.

Nach einigen Minuten wird die akute Gefahr wohl vorbei sein, Sie werden die Polizei anrufen, allmählich werden sich Puls, Atemfrequenz, Blutdruck usw. wieder beruhigen. Vermutlich verständigen Sie Ihren Partner, der sich wundert, dass Sie euphorisch wirken. Klar, Sie sind einer lebensbedrohlichen Gefahr entronnen, doch es gibt dafür auch einen physiologischen Grund: Endorphine, die in den Cocktail der Hochleistungshormone gerührt wurden, haben Sie berauscht.

So in etwa wäre die moderne Entsprechung des urzeitlichen Stresses, für den die Evolution uns konstruiert hat. Ein Leben in freier Natur, in der man sich zu Fuß auf die Suche nach Nahrung, Schutz vor Kälte und Regen machte. Dabei kam es hin und wieder zu lebensgefährlichen Kampf- und Jagdsituationen. Der Säbelzahntiger z. B., der uns in den Sachbüchern über den Steinzeitmenschen anspringt, war ja wirklich eine Bedrohung, ebenso wie viele andere wilde Tiere. Überlebt man sie, dann hat der Stressmoment uns gutgetan, hat unsere Muskeln und Gewebe gestärkt, dafür gesorgt, dass unser Körper geschmeidig und elastisch bleibt, Herzmuskel und andere Organe leistungsfähiger werden. Überlebt man nicht, na ja, dann sind gesundheitliche Fragen hinfällig.

In unserer westlichen Zivilisation des 21. Jahrhunderts sind Kämpfe um Leben und Tod selten geworden, der Säbelzahntiger tritt in verwandelter Form auf, als Abteilungsleiter im Anzug, als brüllender Busfahrer, als Videosequenz in den Nachrichten, Statistiken zur Rezession, als behördliche Anordnung, als Fluglärm in der Nacht, als grelle Scheinwerfer, die über die Zimmerdecke wandern, als rote Ausrufezeichen neben den ungelesenen Mails usw. Unsere hoch entwickelte Technologie schützt uns gegen tödliche Gefahren wie Raubtiere, Hunger- und Erfrierungstod, spinnt uns andererseits aber in ein dichtes Netz aus Warnhinweisen und Pflichten, kreiert eine permanente Belastung in Beruf, Familienleben und sogenannter Freizeit. Die Ansprüche an uns, die Angst vor dem Versagen beginnen mit dem Erwachen, und sie verfolgen uns bis in die Träume und den Nachtschlaf.

Die Folge ist Dauerstress. Mit dramatischen Konsequenzen. Erinnern wir uns: Das Gehirn arbeitet unter Stress anders. Schneller, aber mit Tunnelblick. Es wird unscharf, vereinfacht: Es blendet Nuancen und Emotionen aus, unter anderem Empathie. Unter Stress können wir vorrangig Bedrohung und Feinde erkennen. Und das ist auf lange Sicht tödlich. Der sogenannte Dysstress (im Gegensatz zum belebenden, euphorisierenden und auch gesundheitsfördernden Eustress) schädigt unsere Gesundheit, unsere Gefäße, unsere Organe. Er sorgt für den Abbau von Eiweißen im Körper, lagert Fett an, lässt unser Hirn schrumpfen. Vorher schrumpft jedoch unser Herz. Denn andere Menschen interessieren uns höchstens noch als Mitstreiter im Überlebenskampf.

Freundschaft und Liebe verlangen jedoch mehr von uns als einen lebenserhaltenden Pragmatismus. Sie verlangen Hingabe, Risikobereitschaft, Empathie, die Fähigkeit zum Zuhören, Altruismus, Großzügigkeit, Zeit, Spielfreude, Albernheit, Lachen, die Entwicklung von Interessen.

38

Warum also lassen wir uns vom Stress gefangen nehmen, wenn er schädlich ist? Die meisten werden sagen: Mein Job ist so stressig, die Familie, die Zwänge durch unsere Leistungsgesellschaft. Das ist richtig. Bis zu einem gewissen Grad. Denn unsere Gesellschaft und unsere Produktionsformen sind nicht nur von oben auf uns gestülpt worden. Wir tragen sie mit. Um uns nicht ausgestoßen zu fühlen.

Zudem ist Stress verführerisch. Das ist der andere Teil der Wahrheit. Stress erzeugt Adrenalin, auch Endorphin, einen angenehmen Kitzel, vereinfacht den Zugriff auf die Welt. In der Tretmühle sind wir gefangen und gleichzeitig sicher. Sicher vor Fragen, vor Zweifeln, vor Ängsten, vor Traurigkeit und Selbstverantwortung. Dauerstress ähnelt der Drogensucht.

Freiheit ist anstrengend. Manchmal anstrengender als ein stressiger Job. Freiheit ist unsicher. Deshalb gehen wir so leicht in die Stressfalle. Aber Stress ist selbstverstärkend. Denn er macht uns empfindlicher für Reize, die ihrerseits neue Stresshormone auslösen. Er erzeugt irgendwann eine latente Angst, unsere unterdrückten Gefühle und Bedürfnisse verwandeln sich in hemmende Neurosen, in depressive Verstimmungen, Panikattacken und andere psychische Ausfallerscheinungen. Wir müssen uns noch mehr anstrengen, um die »versäumte« Zeit aufzuholen, unser Leistungspensum zu erreichen. Ein Beispiel hierfür ist der folgende Fall.

Der Krankenhausmanager

Als Helmut zu einem Gespräch in die Konzernleitung eingeladen wurde, wusste er: Das war seine Chance. Er hatte sich einen exzellenten Ruf erarbeitet, weil er ein altes marodes Krankenhaus wieder auf Kurs gebracht hatte, und zwar sozialverträglich, ohne Einbußen in Bettenzahl und Qualität der Pflege. Eine Sanierung ohne Misstöne. Das hatte natürlich Furore gemacht. Headhunter hatten ihn kontaktiert, und jetzt saß er vor einer dreiköpfigen Führungsgruppe eines großen Klinikkonzerns. Er hatte zwei Auswahlphasen überstanden und ein Konzept für die Sanierung einer Klinik in seiner Heimatstadt vorgelegt. »Wir sind beeindruckt, das müssen wir offen sagen. Natürlich sind wir auch noch mit anderen Bewerbern im Gespräch, aber wir werden sicher in Kontakt bleiben.«

Helmut wusste, sie wollten ihn. Der Rest war Taktik, um das Gehalt zu drücken.

Der Vertrag, der ihm vorgelegt wurde, war allerdings zweigeteilt. Neben einem Grundsalär sollte Helmut mit Boni an Profitsteigerungen beteiligt werden.

Als er nach Hause kam, feierte er mit seiner Frau. Dann zeigte er ihr ein Haus, das er am Waldrand entdeckt hatte.

»Gefällt es dir?«

»Ein Traum. Den wir uns nicht leisten können.«

»Jetzt schon. Und ein Garten für den Hund ist auch dabei.«

Seine beiden Kinder hatten sich seit Jahren einen Hund gewünscht. Aber in ihrer bisherigen Wohnung war kein Platz gewesen.

Helmut ging die neue Aufgabe mit Elan und Optimismus an. Das Schwerpunktkrankenhaus, das er sanieren sollte, war nicht mehr profitabel. Einige Stationen hatten zu viel Personal und kaum Patienten. Veraltete Apparaturen zwangen die Ärzte, lukrative Fälle in Spezialkliniken zu überweisen.

Helmut wollte nicht über die Köpfe der Mitarbeiter hinweg entscheiden. Also lud er die Chefärzte, die Pflegedirektorin und die wichtigsten Kräfte der Verwaltung zur Besprechung. Alle hatten Angst vor Entlassungen, aber er beruhigte sie. Er werde sich immer als Anwalt aller Angestellten sehen und niemanden feuern. Für die ersten zwei Jahre sei als Bilanzziel ein leichter Verlust vorgesehen.

»Und danach?«, fragte die Pflegedirektorin, eine füllige Endfünfzigerin, direkt, resolut, geachtet.

»Die schwarze Null. Realistisch, wenn wir alle an einem Strang ziehen.«

Helmut erklärte sein Konzept. Der Konzern wolle innerhalb von vier Jahren Gewinn erwirtschaften. Er war überzeugt, dass dies möglich war. Die Belegschaft schien besänftigt.

Helmut hatte inzwischen das Haus gekauft, den Kindern einen Windhund, dem bald ein zweiter folgte. Er erreichte die Bilanzziele und kassierte erste Boni. Als er in die Konzernzentrale geladen wurde und die anderen Geschäftsführer ihre Zahlen vorlegten, kam er sich allerdings vor wie das schwarze Schaf der Familie. Einige Häuser erwirtschafteten Renditen von 13, 14 Prozent. Der Konzernchef lobte Helmuts Arbeit, doch seine letzte Bemerkung hinterließ einen schalen Nachgeschmack: »Sie haben unsere Erwartungen nicht enttäuscht. Vielleicht werden Sie uns im nächsten Jahr ja überraschen.«

Am Ende des zweiten Geschäftsjahres hätten ein Computertomograf und ein neues Kernspin-Gerät angeschafft werden müssen. Um die schwarze Null zu retten, hatte Helmut den Kauf ins Folgejahr verschoben.

Doch an Neujahr brach ein Brand in einem Kreißsaal aus. Der Saal war unbrauchbar, die Geräte zerstört. Als Helmut die Versicherung informierte, stellte er fest, dass das Krankenhaus unterversichert war. Seit zwanzig Jahren. Überall eröff-

41

neten sich plötzlich neue Lücken. Er musste die Säuglingsstation entweder umziehen lassen oder schließen. Entbindungen waren ohnehin nicht besonders rentabel. Als die Pflegedirektorin von den Gerüchten hörte, wurde sie vorstellig. »Die Säuglingsstation schließen?«

»Das ist nur eine Option.«

»Ein Krankenhaus, in dem keine Kinder zur Welt kommen, ist eine Schande. Und dann bin ich weg.«

»Wie sollen wir die Kosten auffangen?«, erwiderte Helmut. »Haben Sie eine Idee?«

»Der Brand ist ein absoluter Ausnahmefall. Für den nicht wir Schwestern büßen können. Wir geben alles in unserem Job.«

Das wusste Helmut. »Ich werde eine Lösung finden. Aber es kann sein, dass wir vorübergehend das Weihnachtsgeld kürzen müssen.«

Wenn Helmut nun durch die Flure des Krankenhauses ging, dann grüßte man ihn knapp. Die Gespräche verstummten, die Oberärzte waren wortkarg, er erfuhr nicht mehr, was auf den Abteilungen passierte. In kürzester Zeit war er zum Feind geworden, für alle.

Er erhöhte vorübergehend die Arbeitszeiten und ging mit gutem Beispiel voran. Oft blieb er zwölf Stunden am Tag in der Klinik, grübelte über Bilanzen und Wirtschaftsplänen. Er berief Versammlungen ein, erklärte die Probleme und warb um Verbündete. Vergeblich. Gute Kräfte verließen das Krankenhaus und wurden durch schlechte ersetzt.

Auch seine Frau fühlte sich vernachlässigt. Aber wenn er nach Hause kam, wollte er keine Konflikte austragen. Er musste sich erholen. Der ältere Sohn kam in die Pubertät und fing an, Schwierigkeiten zu machen. Helmut sagte sich, das sei normal.

42

Es verging ein weiteres Jahr. Das Krankenhaus rutschte wieder in die Verlustzone, es häuften sich Kunstfehler und Negativschlagzeilen. Helmut hätte eine Auszeit oder eine Kur gebraucht, stattdessen ging er in die Offensive. Er legte dem Konzern einen neuen Zeitplan für die Sanierung vor. Die Boni konnte er vorerst vergessen. Und damit auch den Kredit für das Haus. Als er eines Abends seine Frau einweihte, sagte sie: »Das Haus ist mir egal. Es geht um mehr. Die Klinik oder ich.«

»Ich kann doch jetzt nicht hinschmeißen«, sagte er. »Jetzt, wo ich deine Unterstützung bräuchte, fällst du mir in den Rücken.«

»Ich möchte einfach wieder eine Ehe mit dir führen, einen Vater für unsere Kinder haben.«

»Gib mir ein Jahr.«

»Das hast du auch schon letztes Jahr gesagt.«

Die Dinge wurden eher schlimmer als besser. Der Schwiegervater zahlte die Hypothek für das Haus, Helmut und seine Frau einigten sich auf eine Auszeit. Er zog in die Innenstadt, in eine moderne Mansardenwohnung. Nach drei Monaten diagnostizierte sein Arzt ein Burn-out und schrieb ihn krank. Er kündigte den Job, und seine Frau ließ sich scheiden. Helmut hatte viel investiert und dennoch alles verloren.

Wie konnte aus einem erfolgreichen, verantwortungsvollen Familienvater ein vereinsamter kranker Mann werden? Was genau war Helmuts entscheidender Fehler gewesen? Ehrgeiz und Perfektionismus sind gefährliche Eigenschaften, vor allem wenn sie mit einem hohen Pflichtbewusstsein gepaart sind. Helmut hatte einen hohen Berufsethos und sah zu spät ein, dass seine Aufgabe schlichtweg utopisch war. Nicht nur Termindruck, Reizüberflutung und Angst sind Stressfaktoren, auch Unzufriedenheit, Verantwortung, ungelöste Konflikte und Schuldgefühle.

Besonders stressig wirkt Kontrollverlust. Helmut konnte dem Druck standhalten, solange ihm die Probleme lösbar erschienen. Als die Situation jeglicher Planung entglitt, überwältigte ihn der Stress.

Stress erhöht die Gefahr, einsam zu werden. Und die Einsamkeit ist ein zusätzlicher Stressor. Ein Teufelskreis.

Die langfristigen Folgen von Dauerstress sind inzwischen gut erforscht. Nervenzellen sterben ab, Neurone wachsen langsamer nach, das Immunsystem nimmt Schaden, was Infektionen und Krebserkrankungen begünstigt. Auch Libido und Potenz lassen bei Männern nach, bei Frauen kann ebenfalls die Libido erlahmen und die Regelblutung ausbleiben. Fortpflanzung wird damit erschwert, auch die körperliche Nähe zwischen Partnern wird von gestressten Menschen als unangenehm empfunden. Sie werden es kennen: Wenn Sie überreizt sind, dann geht Ihnen jeder zusätzliche Reiz erst einmal auf die Nerven. Sie wollen sich abschotten, um »runterzukommen«. Dabei wären Streicheleinheiten oder ein Gespräch die reinsten Wundermittel, denn sie sorgen für die Ausschüttung von Oxytocin.

Oxytocin (auch Kuschel- oder Treuehormon genannt) wird bei Frauen zur Einleitung der Geburtswehen und beim Stillen freigesetzt und stärkt emotionale Bindungen. Auch Zärtlichkeiten, Umarmungen (mindestens zwanzig Sekunden), intensive Gespräche, selbst am Telefon (Austausch von Emojis auf dem Smartphone reichen nicht), bringen das Hormon in Fahrt, Geschlechtsverkehr ganz besonders. Oxytocin dämpft die Ausschüttung der Stresshormone, reguliert damit Blutdruck und Herzschlag nach unten, der Blutzuckerspiegel sinkt, wir kommen körperlich und seelisch zur Ruhe.

Fehlt der Partner, entgleist Stress viel leichter. Wirksame Gegenmittel, wie sich den Kummer von der Seele zu reden, fehlen. Nun wird man einwenden, die Gründe für Kummer seien durch Gespräche nicht ausgeräumt, lediglich unsere emotionale Reaktion darauf. Das ist richtig, aber die Welt wird auch nicht besser davon, dass wir uns schlecht in ihr fühlen.

Hätte Helmut offen mit seiner Frau geredet, dann wäre er wohl mit der harten Realität konfrontiert worden, dass seine Aufgabe schlichtweg nicht zu lösen war. Auch nicht vom klügsten und einfallsreichsten Manager. Das wäre zwar ein weiterer Stressfaktor gewesen, hätte aber wahrscheinlich zu einer Neuordnung seiner Motivationslandschaft geführt. Seine Frau hätte ihm klarmachen können, warum sie so unzufrieden war mit ihrer Ehe. Er hätte für sich die Prioritäten in seinem Leben überprüfen können: Die Familie? Die Karriere? Wollte er Karriere machen, um seiner Familie einen bestimmten Lebensstil zu sichern? Aber wusste er so genau, was seine Familie, seine Frau und seine Kinder unter Lebensqualität verstanden? Ob ihnen ein Garten mit Hund tatsächlich wichtiger war als ein gesunder anwesender Vater? Helmut war nicht nur in der Klinik, sondern auch in der Familie in die Isolation geraten, weil er Ansprüche an sich stellte, die nicht zu erfüllen waren. Wohl gemerkt, stellte *er* diese Ansprüche an sich. Dadurch waren seine Bindungen brüchig geworden.

In der folgenden Fallgeschichte dagegen scheint paradoxerweise ein Zuviel an Bindung in die Einsamkeit zu führen.

Die pflegende Tochter

»Versprich mir, dass ich nie in ein Heim komme.« Dieser Satz bestimmte Anettes Leben. Ihre Mutter Irmgard hatte ihn geflüstert, mit verschrecktem Gesicht, während sie in den Rettungswagen geschoben wurde.

Voller Mitleid hatte Anette die Hand ihrer Mutter ergriffen und geantwortet: »Versprochen, ist doch selbstverständlich.« Das war vier Jahre her.

Anfangs war es auch noch leicht gewesen. Denn als Irmgard aus der Neurologie kam, konnte sie in ihre Wohnung zurück, in ihr antiquiertes Reich aus Topfpalmen, Schallplatten und Opernlibretti. Trotz leichter Sprach- und Gleichgewichtsprobleme kochte sie und wusch sich selbst. Anette schaute täglich nach der Arbeit vorbei, kontrollierte die Medikamente, kaufte ein und räumte die Wohnung auf, während die Arien durch die Räume hallten und ihre Mutter die Sopranpartie mitsang.

Dann kam der zweite Schlaganfall. Irmgard war fortan halbseitig gelähmt. Ihre Worte verstand nur noch die Tochter.

»Dirk, wir haben ein Problem«, sagte diese zu ihrem Mann, als er eines Abends aus dem Studio nach Hause kam. Dirk war Tonmeister, Anette Regieassistentin. Sie hatten drei Kinder, eine schöne Altbauwohnung zur Miete, einen Hund und ein normales Leben. Bis dato.

»Meine Mutter kann nicht mehr allein leben.«

»Sondern?«, fragte Dirk.

Anette hatte Angst, den Satz auszusprechen. »Ich will sie zu uns nehmen.«

»Wir haben nur vier Zimmer.«

»Jost und Casper müssen sich ein Zimmer teilen, oder wir suchen eine größere Wohnung.«

Dirk lachte hämisch. »Eine größere Wohnung. In dieser Stadt?«

»Die höhere Miete können wir mit dem Pflegegeld bezahlen.«

46

Dirk schwieg. »Es geht nicht nur ums Geld. Niemand kann deine Mutter ausstehen. Du nicht, ich nicht und die Kinder auch nicht.«

»Das ist nicht wahr«, sagte Anette verletzt. »Sie ist meine Mutter.«

»Und hat dich ein Leben lang tyrannisiert. Was ist mit ihrem Sohn?«

Anettes Bruder Rainer wohnte in Süddeutschland, auf einem großen Bauernhof, den er sich als Architekt selbst ausgebaut hatte.

»Er kann das nicht.«

»Aber du kannst?«

»Was würdest du tun, wenn deine Mutter …«

»Ist deine Entscheidung.«

Sie war mit dieser Entscheidung also allein. Wie mit allem anderen, was folgte. *Sie* kümmerte sich um die Auswahl des Pflegebettes, um die Entsorgung der Kindermöbel. *Sie* kaufte eine Matratze, die das Wundliegen vermeiden sollte. *Sie* stand in der Nacht auf, wenn die Glocke ging. *Sie* organisierte Arzttermine und sprach mit dem Pflegedienst, erledigte den Papierkram für die Bewilligung der Gelder.

Irmgard war tatsächlich eine launische und herrische Person. Sie hatte Sängerin werden wollen, ihre Karriere aber angeblich der Familie geopfert. Und ein Leben lang hatte sie das ihren Kindern, mehr oder weniger unterschwellig, vorgehalten. Der Sohn war auf Sicherheitsabstand gegangen, die Tochter versuchte, ihrer Mutter zu beweisen, dass sie sich irrte.

Für Anette verwandelte sich das Leben in einen permanenten Wettlauf gegen die Zeit. Sie stand täglich um fünf Uhr auf und erledigte die wichtigsten Hausarbeiten. Der Schichtdienst im Studio war eine zusätzliche Belastung, weil ihre Mutter geregelte Abläufe wollte. Anette konnte den Kindern kaum noch bei den Hausaufgaben helfen, und wenn sie zum Sport mussten oder zu Freunden, gab sie ihnen, mit einem schlechten Gefühl, Geld für die U-Bahn, statt sie mit dem Auto zu fahren.

Ihre Mutter beklagte sich, dass sie grob und ungeduldig sei. Ihr Mann warf ihr vor, sie habe keine Zeit mehr für die Familie. Im Studio gab es Ärger, weil sie unpünktlich und unkonzentriert war. Anette versuchte, auf die wachsende Belastung mit wachsendem Engagement zu reagieren. Den Kirchenchor, in dem sie sang, hatte sie längst aufgeben, ebenso wie die Pilatesstunden. Nicht einmal im Auto stellte sie mehr Musik an, es war ihr zu anstrengend. Und wenn sie mal Musik hörte, fing sie plötzlich an zu weinen.

Das Schlimmste war: Sie hatte niemanden mehr, mit dem sie reden konnte. Anette wurde immer müder, konnte immer schlechter schlafen. Wenn die Glocke schrillte, lag sie meistens schon wach.

Als eines Tages die Mutter rief, spürte Anette einen solchen Widerwillen, dass sie dachte: Sie muss weg. Egal wie. Egal wohin. Ich hasse sie.

»Was ist?«, rief die Mutter. »Du musst mich sauber machen, ich werde ganz wund. Kannst du dir überhaupt vorstellen, was das für Schmerzen sind?«

Anette fasste sie an dem knochigen Becken an und wälzte sie zur Seite, um die Windel zu wechseln. Als sie den Kot von dem mageren Gesäß wischte und die geröteten Stellen sah, schämte sie sich für ihre Gedanken. Mag sein, dass meine Mutter mich manchmal tyrannisiert hat, dachte sie, aber jetzt, da sie hilflos ist, kann ich mich nicht dafür rächen. Das wäre feige. Sie rieb die Beine mit Melissengeist ein. Als Anette die Flasche zuschraubte, streckte ihre Mutter die Hand aus. »Gib mir einen Schluck.«

48

Irmgard trank, schloss die Augen und ließ sich mit einem wohligen Laut ins Kissen sinken. »Du bist mein Ein und Alles«, sagte sie. »Ich habe mich nicht in dir getäuscht.«

Anette nahm selbst einen Schluck, der ihr guttat. Warum sollte ich es nicht schaffen, dachte sie, bisher ging es doch auch. Außerdem werden die Kinder größer und selbstständiger, Dirk unterstützt mich, und auch der Chefredakteur ist kein Unmensch.

Anette griff, wenn es hart auf hart kam, nun immer öfter zur Flasche. Sie wusste es und wusste es nicht, dass die Medizin wirkte, weil sie Alkohol enthielt.

Als sie einmal zu einer Nachtproduktion ins Radiostudio fuhr, übersah sie eine rote Ampel. Sie streifte einen Radfahrer, riss am Lenkrad und kollidierte mit einer Straßenbahn. Als die Polizei kam und einen Alkoholtest durchführte, stellten die Beamten ihren Führerschein sicher. Die Blutprobe ergab 2,1 Promille.

Wie Helmut geriet auch Anette durch Stress und Überforderung in die Einsamkeit, trotz ihrer vielfältigen Bindungen. Wenn Bindung aber nur noch verpflichtend wirkt, kann sie nicht erfüllen. Anette hätte erkennen müssen, dass die Belastung, der sie sich aussetzt, unmenschlich ist. Allerdings bleiben schleichende Prozesse häufig unter unserer Wahrnehmungsschwelle – noch dazu, wenn unsere Konzentration schon vollkommen beansprucht ist. Irmgard wurde immer hilfloser und anstrengender, Anettes Stress wuchs, ihre Urteilsfähigkeit, ihr Mut, Konflikte anzusprechen, andere in die Pflicht zu nehmen, nahmen ab. Wer im Autopilot durch das Leben rast, wer in einem permanenten Leistungsdruck steckt, der kann nur noch reagieren. Auf immer neue Reize, neue Anforderungen.

Anette konnte nicht mehr ruhen, nicht mehr regenerieren, die Perspektive auf ihr Leben nicht mehr wechseln, nicht mehr abschalten. Selbst für Zerstreuungen war sie zu erschöpft. Machte sie sich doch einmal die Mühe, einen Film zu sehen, dann erinnerte sie eine Szene, in der man Wäsche sah, an ihre eigene Wäsche, die liegen geblieben war. Sah sie einen Schreibtisch, dachte sie an ihren Papierkram für die Schulanmeldung. Sah sie eine Liebesszene, bekam sie ein schlechtes Gewissen, weil sie für Zärtlichkeit oder gar Sex keinen Nerv mehr hatte und Dirk zunehmend gereizt reagierte. Berührungen machten sie nervös.

Anettes Rückzug und Unfähigkeit zur Entspannung waren ernst zu nehmende Alarmzeichen. Wenn wir auf Zärtlichkeiten, Zuwendung, ja selbst Hilfsangebote aggressiv reagieren, befinden wir uns bereits in einem Teufelskreis, aus dem nur eine bewusste Umkehr oder eine Katastrophe führt. Wenn wir nicht mehr abschalten, ausruhen, genießen können, wenn wir sofort nach der nächsten Erledigung suchen, um die Leere zu füllen, müssen wir ganz bewusst lernen, wieder einen Gang herunterzuschalten, Ruhephasen einzubauen, auch wenn das anfangs Panik und Schuldgefühle auslösen sollte.

Denn wenn wir nicht aus dem Teufelskreis heraustreten, steht am Ende eines solchen Prozesses die Selbstzerstörung, vielleicht in Form von Krankheit, Drogenmissbrauch oder auch Selbstmord. Warum akzeptieren wir das?

Ein Leben, das aus der Balance geraten ist, nützt auf lange Sicht niemandem. Kurzfristig mögen ein paar Brandherde gelöscht werden und manche daraus vorübergehend Vorteile ziehen. Der Belastete empfindet den Stress anfangs vielleicht sogar selbst als gut und belebend. Dauert diese Phase aber zu lange an, dann wirkt er nur noch destruktiv. Dauerstress ist ein verwässerter Selbstmord. So wie Drogensucht und Anorexie. Man geht sich gewissermaßen selbst an den Kragen. Und Selbstmord ist Einsamkeit in Reinkultur.

Genau betrachtet verbündet sich der Gestresste mit den Ansprüchen der anderen gegen sich selbst, er macht sie zu den eigenen. Und manchmal sind es sogar von Beginn an die eigenen Ansprüche, die uns unter Druck setzen. Wir sind ehrgeizig, perfektionistisch oder wollen es allen recht machen. Hinter der Bereitschaft, massiv über seine Grenzen zu gehen, steckt aber immer der Wunsch, von den Mitmenschen angenommen zu werden. *Nicht* einsam zu sein. Ironischerweise passiert durch den Stress oft gerade das Gegenteil, wir werden einsam. Wir überfordern uns und verkrampfen, ja wirken sogar unnahbar und unsympathisch. Und wenn wir dann auf Ablehnung stoßen, fühlen wir uns erst recht minderwertig und missverstanden. Wir haben uns so bemüht, und das ist der Dank?

Warum also tun wir das? Wir sehnen uns danach, unangreifbar, brillant, vielleicht auch nur liebenswert zu sein. Wir wollen die anderen nicht enttäuschen, nicht vor den Kopf stoßen, oder wir wollen herausragen. Vielleicht ist dieses selbstzerstörerische Verhalten ja die Fortschreibung eines frühkindlichen Programms: dass man wegsoll, nicht stören soll, nur eine Existenzberechtigung hat, wenn man sich nützlich macht. Geliebt zu werden ist aber etwas anderes, nämlich angenommen, genährt, wertgeschätzt zu werden für das, was man ist, nicht für das, was man leistet. Wenn wir gesunde Bindungen zu anderen Menschen entwickeln wollen, dann müssen wir uns selbst wertschätzen, annehmen und lieben.

Anette hätte sich als Teil der Gemeinschaft fühlen und die Last auf die Gemeinschaft verteilen müssen. Statt sich immerzu im Defizit zu fühlen.

1. Weg

Raus aus der Stressfalle

Fühlen Sie sich oft gestresst, durch Arbeit, Freunde oder Familie? Sehnen Sie sich nach Erholung und nach Abwechslung? Fühlen Sie sich emotional taub und sind lustlos?

Stress reduziert unser Gefühlsleben. Im Dauerstress leiden zudem unsere Gesundheit und unsere Fähigkeit zu Empathie. Oft ist Stress die Folge eines Perfektionsstrebens, wir wollen es allen recht machen und erstarren in einer Rolle, vielleicht auch in unserem Selbstbild. So verlieren wir das Gefühl für unsere Bedürfnisse und unsere Grenzen. Es berauscht, wenn man über sich hinauswächst, aber das geht nur ab und zu. Wir müssen das Risiko eingehen, einmal nicht perfekt zu sein und unsere Grenzen zu zeigen. Niemand ist ein Übermensch, der immerzu funktioniert. Aber auch Arbeitslosigkeit und Nichtstun können Stress auslösen.
Stress ist nicht selten eine Folge unserer Ängste. Um den Stress zu reduzieren, müssen Sie sich diesen Ängsten stellen. Was ist der Grund für Ihre Angst, gibt es tatsächlich eine reale Bedrohung Ihrer Existenz, wenn Sie auf Ihre Bedürfnisse bestehen und Grenzen einhalten? Meist ist unser Spielraum viel größer, als wir es diffus empfinden.

Notieren Sie, was Sie stresst. Sind Sie sicher, dass alles, was auf der Liste steht, getan werden muss? Von Ihnen?
Überdenken Sie Ihren Lebensplan. Sind alle Ziele essenziell? Wichtiger als Ihre seelischen Bedürfnisse, Ihre Gesundheit? Beziehen Sie Ihre Familie, Freunde mit ein. Delegieren Sie

Arbeiten, bitten Sie um Hilfe. Am Arbeitsplatz ebenso wie im Haushalt oder bei einem Ehrenamt. Legen Sie bewusst Pausen ein, auch kurze. Jede Stunde drei Minuten aufstehen, Atemübungen machen, simple Gymnastik, einen kurzen Plausch halten.

Planen Sie Ihre Termine realistischer, mit Pufferzeiten, denn die Idealbedingungen treten nur selten ein. Nutzen Sie auch minimale Freiräume, um abzuschalten. Füllen Sie Lücken im Tagesablauf nicht mit neuen Erledigungen, von denen Sie sich später Entlastung erhoffen. Sie brauchen Entlastung – jetzt. Wagen Sie, Nein zu sagen. Achten Sie auch auf schleichende Veränderungen, zusätzliche Last in kleinen Dosen. Stoppen Sie diesen Trend so schnell wie möglich.

Sollten Sie gestresst sein, weil Sie unterfordert sind, dann überlegen Sie, wie Sie eine gesunde Auslastung erreichen können.

Versuchen Sie, Ihren Kampf gegen Stress in der Gemeinschaft anzugehen.

Schließen Sie sich einer Yoga-, Pilates-, Tai-Chi-Gruppe oder Ähnlichem an, je nach Interesse und Fitnesszustand.

2. Weg
Hin zum gesunden Ich

Einsamkeit und Krankheit

Johnny
Du bist mein bester Freund!
(…)
Kein Mensch hört mir so gut zu wie du.
Und Johnny
Du lachst mich auch nie aus!

Marius Müller-Westernhagen, »Johnny Walker«

Einsamkeit macht krank, und Krankheit macht einsam. Diese simple Formel bestätigen auch die jüngsten Erkenntnisse der Medizin[6].

Einsamkeit ist mindestens so gefährlich wie Rauchen, Fettleibigkeit und Bewegungsmangel. Sie erhöht das Demenzrisiko erheblich und verkürzt das Leben[7]. Laut des Psychiaters und Buchautors Manfred Spitzer ist sie nicht nur »Killer Nummer eins«[8], sondern zudem ansteckend, eine moderne »Epidemie«. »Einsamkeit, was bist du übervölkert«, schreibt Stanislaw Lec. Da so viele unter ihr leiden, müssten sich die

Einsamen doch automatisch zusammenfinden und ihrem Leid somit ein Ende setzen. Warum passiert das nicht? Was läuft falsch, dass die Einsamen sich nicht verbrüdern, sondern einsam bleiben, sich gar meiden wie die Pest?

Das Gefühl, einsam zu sein, erzeugt Stress, und zwar Dysstress, mit allen Nebenwirkungen. Mit Stress stellen sich aggressive Verhaltensweisen und Wahrnehmungseinengung ein. Die Angst nimmt zu, die Kreativität und Offenheit ab. Der einsame Macher kann Einsamkeit nicht zugeben, es passt nicht in sein Image. Und wahrscheinlich nimmt er die Einsamkeit zumindest anfangs im Leistungsrausch gar nicht wahr.

Wer allerdings gar nicht in die Gruppe der Macher gehört, nicht durch Termindruck und Arbeitslast gestresst ist, sondern durch Marginalisierung, der fühlt sich zusätzlich im Defizit. Burnout als Folge von Überarbeitung hat ein soziales Prestige. Man hat sich für die Gemeinschaft aufgeopfert. Aber wie soll ein Isolierter, womöglich Arbeitsloser, seinen Stress rechtfertigen? Burn-out durch Unterforderung und Ausgrenzung, das gibt es, aber kaum jemand wird sich deshalb Hilfe holen, weil er glaubt, sich als Paria zu outen, wenn er sein Leid klagt.

Stress macht auf Dauer krank, und jede Form der Krankheit reißt den Menschen, mehr oder weniger drastisch, aus seinem gewohnten Umfeld. Wer erinnert sich nicht an die Tage der Kindheit, da man allein mit Fieber im Bett lag, gelangweilt an die Decke starrte, während man draußen die spielenden Kameraden hörte? Ein Trost war vielleicht die liebevolle Zuwendung der Mutter, die alle halbe Stunde mit dampfendem Tee, einem Lächeln und zärtlichen Worten ans Bett trat. Wahrscheinlich aber wäre man lieber draußen gewesen bei den anderen, hätte die Abenteuer der Gruppe geteilt. Und je länger und gravierender eine Krankheit, desto größer die Sehnsucht nach Rückkehr in die Gemeinschaft, ins Leben der Ge-

58

sunden. Desto größer werden aber auch die Ängste, ob man es je wieder schafft, den Anschluss zu finden.

In der Krankheit sind wir besonders fragil, wir begegnen unseren Ängsten. Verletzte Tiere ziehen sich instinktiv in Verstecke zurück, um Raubtieren nicht zum Opfer zu fallen, und in uns Menschen steckt eine ähnliche Furcht. Oft sind wir, wenn unsere Kräfte schwinden, nicht in der Lage, um adäquate Hilfe zu bitten, wir schämen uns der Schwäche, und es fällt uns schwer, den Beistand von Mitmenschen oder auch Organisationen anzunehmen.

Ich, Christian Försch, erinnere mich an die Stimme meines Vaters, der an einem Wochenende mit Verdacht auf Infarkt oder Schlaganfall in ein neurologisches Krankenhaus eingeliefert worden war. Ich war im Ausland, konnte nicht zu ihm. Man hatte ihn auf die Epilepsie-Station verlegt und, da Wochenende war, die Untersuchungen auf die Folgewoche verschoben. Er ist ein pensionierter Polizist, tatkräftig, kontaktfreudig und couragiert. Aber als ich mit ihm telefonierte, wirkte er völlig orientierungs- und hilflos, bekam nur mit Mühe Luft.

»Wieso liegst du auf der Epilepsie und wirst nicht untersucht?«, fragte ich. »Du bist doch als Notfall eingeliefert worden.« Er war verzweifelt, hatte aber nicht gewagt, die Notklingel zu betätigen. »Die werden mich hier doch nicht einfach sterben lassen, oder?«, stammelte er und begann zu weinen.

Braun gebrannt

Sylvia hatte ihr Staatsexamen in Englisch und Deutsch abgelegt und trat eine Referendarstelle in einer Kleinstadt an. Sie fühlte sich wohl inmitten der Fachwerkhäuser, Weinschenken und Bäckereien. An ihrem Gymnasium wurde sie von Frau Schondra, einer erfahrenen Deutschlehrerin, betreut. Sylvia sprühte vor Ideen. Sie gründete eine Theater-AG, einen Schreib- und einen Videoworkshop. Den Schülern gefielen ihre Angebote, und das Kollegium staunte über ihren Elan. Peter, Kunstlehrer und ebenfalls Referendar, erbot sich, mit seinen Klassen die Bühnenbilder für die Aufführung zu malen. Er kam immer häufiger zu den Proben, und als er Sylvia eines Tages auf dem Parkplatz fragte, ob sie das Shakespeare-Projekt nicht am Wochenende bei einem Glas Wein besprechen wollten, jubelte sie innerlich. Das Gespräch war intensiv und voller Überraschungen. Er schien genau zu spüren, welche Atmosphäre sie sich auf der Bühne und in ihrem Leben wünschte. Alles, was er sagte, ging ihr nahe.

Sylvia bestand das zweite Staatsexamen mit einer guten Note und bekam eine Festanstellung. Sie fand einen kleinen halb verfallenen Bauernhof, begann, ihn selbst zu sanieren, und stellte sich vor, wie sie mit Peter eine Familie gründen würde. Dieser wich jedoch allen Fragen nach der Zukunft aus, und am Ende des Schuljahres teilte er ihr mit, er werde in eine andere Stadt versetzt.

Sylvia war wütend und enttäuscht, wollte verstehen, was sie falsch gemacht hatte. Aber ein klärendes Gespräch lehnte Peter ab, und die Antworten auf ihre Sprachnachrichten wurden immer knapper und seltener. Sie saß in einem der renovierten Zimmer des Bauernhauses, starrte die weißen Wände an, wartete und hoffte. Doch das Warten zermürbte sie, nichts machte ihr mehr Freude. Der Kräutergarten, die alten Obstbäume, die Hühner, die sie angeschafft hatte – wofür, fragte sie sich. Ob sie die Sommerferien bei ihren Eltern verbringen sollte? Nein, sie wollte sich in ihrer miesen Stimmung nicht bei ihnen zeigen, keine Fragen beantworten.

60

Sie bereitete das neue Schuljahr vor und fühlte sich körperlich immer angegriffener, wie bei einem grippalen Infekt. Klassische Grippesymptome hatte sie allerdings nicht.

»Spielt meine Psyche jetzt verrückt?«, fragte sich Sylvia. Sie ging zu einem Allgemeinmediziner, der genau zuhörte. »Sie haben sich wohl übernommen. Nutzen Sie die Ferien zum Regenerieren.«

Er verschrieb ihr Vitamine und ein Mittel zur Stärkung des Immunsystems.

Sie vermied größere körperliche Anstrengungen, las viel und glaubte, sich zu erholen. Doch als das neue Schuljahr vor der Tür stand, fühlte sie sich antriebsloser denn je. Nun dachte sie noch häufiger an Peters unerklärtes Fortgehen. Und Frau Schondra war auch pensioniert worden.

Am letzten Ferientag überfiel sie eine lähmende Müdigkeit, sie mochte nichts essen, und sobald sie aufstand, wurde ihr schwindlig. Sie betrachtete sich im Spiegel. »Eigentlich sehe ich gut aus, braun und drahtig. Vielleicht muss ich einfach wieder unter Menschen.«

Als sie in die Schule kam, begrüßten die Kollegen sie freudig: »Wo waren Sie im Urlaub? Prima sehen Sie aus!«

Sylvia fühlte sich aber gar nicht prima. Sie ertrug den Trubel in der Klasse nicht, verlor schnell die Contenance. Sie suchte den Arzt wieder auf, der eine leichte Sommergrippe diagnostizierte und ein harmloses Medikament verordnete.

Eine Krankschreibung lehnte Sylvia ab. Sie schleppte sich weiter zur Arbeit, obwohl sie kaum mehr Kraft für die Unterrichtsvorbereitung hatte. Schüler und Kollegen munkelten, ihr Anfangselan sei, kaum habe sie eine Festanstellung bekommen, schon aufgezehrt. »Sicher hat sie einen neuen und will weg.«

Sylvia spürte die Distanz, das Misstrauen, die Enttäuschung. Sie fühlte sich gehetzt. War sie endlich zu Hause, dann starrte sie auf unkorrigierte Hefte. Im Garten sah sie das Unkraut statt der Kinder, die sie sich gewünscht hatte. Ihre Gedanken drehten sich im Kreis, sie bekam Angst, depressiv zu werden, und bat doch um eine Krankschreibung. »Sie haben meine Warnung in den Wind geschlagen und die Grippe verschleppt«, brummte der Arzt. »Das rächt sich jetzt.« Sie ruhte sich eine Woche lang aus, dann kam das Wochenende. Sie blieb auf dem Sofa liegen. Wenn das Telefon klingelte, schrak sie zusammen. Also stellte sie Festnetz und Handy ab, verschloss die Haustür, ließ die Rollläden herab und fiel wieder ins Bett.

Das Nächste, was Sylvia wahrnahm, war ein grelles Licht und die Brille mit dem blauen Rahmen von Frau Schondra. »Geht es besser?«, fragte sie.

»Wo bin ich?«, fragte Sylvia zurück.

»In der Uniklinik.«

»Hatte ich einen Unfall?«

»Gleich kommt der Doktor.«

Sylvia wunderte sich über das strahlende Lächeln des Arztes.

»Zum Glück hat Sie Ihre Kollegin rechtzeitig gefunden«, sagte er. »Sie leiden unter einer seltenen, aber schweren Krankheit: Morbus Addison, eine Fehlfunktion der Nebenniere. Meist ist ein Autoimmunprozess dafür verantwortlich, dass zu wenig Cortisol produziert wird.« Er erklärte ihr das Krankheitsbild, das zu zunehmender Schwäche, zu sozialem Rückzug bis zu einer bedrohlichen Isolation führt.

»Wir haben sie entsprechend behandelt und das fehlende Hormon ersetzt. Das müssen Sie in Zukunft konsequent einnehmen!«

62

Danach war die junge Lehrerin wieder leistungsfähig und lebensbejahend wie zuvor.

Einsamkeit führt häufig zu einem ungesunden Lebensstil, vor allem bei Männern: vermehrter Konsum von Alkohol und Nikotin, von Fernsehen und digitalen Medien, Bewegungsmangel, kalorienreiche Ernährung, Junkfood für Körper und Geist. Doch selbst wenn man diese Faktoren aus den Statistiken herausrechnet, steigert Einsamkeit das Risiko, an Bluthochdruck, Krebs, Infektionen oder Autoimmunleiden zu erkranken. Ob es einen direkten Kausalzusammenhang gibt oder immer Stress als Relais fungiert, ist dabei noch nicht geklärt.

Ob auch bei Sylvia die Isolation die Addison-Krise mit verursacht hat? Schwer zu sagen. Zumindest wäre ein Lebenspartner angesichts der schleichenden Veränderung von Sylvia sicher stutzig geworden, hätte gemerkt, dass Leistungsabfall und Stimmungstief nicht mehr allein mit Überlastung zu erklären waren. Auch die Braunfärbung der Haut[9], die das Kollegium als Folge von Sonnenbaden und Sylvias Faulenzerei interpretiert hatte, wäre einem Partner wohl verdächtig erschienen, stellt sie sich doch auch an Stellen ein, die nicht der Sonne ausgesetzt sind (Lippen, Mundschleimhaut, Handlinien, Hautfalten).

Sylvia selbst verlor durch die depressive Verstimmung, die sich mit ihrem Liebeskummer mischte, einen klaren Blick auf sich selbst. Wäre nicht Frau Schondra durch das verrammelte Haus beunruhigt gewesen, dann wäre Sylvia womöglich elendig zugrunde gegangen.

Krankheit ist, wie oben beschrieben, manchmal ein nicht unangenehmer Zustand, in dem wir eine Pause vom Alltag bekommen. Zuwendung durch Mitmenschen unterstützen die Genesung, wir wissen aus klinischen Studien, dass Heilungseffekte nicht nur durch Ruhe und Medikamente, sondern auch durch Zärtlichkeit und menschliche Nähe freigesetzt werden.

Das Handauflegen und der kollektive Kult, die bei Naturvölkern Krankheiten besiegen sollen, haben tatsächlich eine therapeutische Wirkung. Im Amazonasgebiet erlebte ich, Walter Möbius, einmal, wie bei einem Shuar-Indianer eine lebensbedrohliche Infektion durch kollektives Luft-Zufächeln und »Mitfiebern« der Dorfgemeinschaft, die mit dem Schamanen nächtelang am Bett des Patienten wachte, besiegt wurde. Schulmedizinisch damals nicht zu erklären, heute allerdings weiß man schon ein bisschen mehr über das Freisetzen von Selbstheilungskräften[10].

Bei Sylvia fiel diese Hilfe weg. Im Gegenteil, im Moment ihrer Schwäche brachen sich Ressentiments und Missgunst im Kollegium Bahn. Die junge Lehrerin, deren Elan und Erfolg die Kollegen vielleicht anfangs begeistert, aber auch ein wenig beunruhigt und mit Neid erfüllt hatten, wurde plötzlich zum Opfer eines versteckten Mobbingverhaltens. Sylvia war zu schwach, um sich gegen die Angriffe zu wehren. Auch fehlte ihr die Kraft, ihre Lage objektiv einzuschätzen. Ein Partner, aber auch Freunde, Familie und Nachbarn sind dabei immer ein Korrektiv. Vier Augen sehen mehr als zwei, vor allem wenn der Blick des Einzelnen getrübt ist. Sylvia hatte nicht nur die Beziehung zu Peter verloren, sie war auch allein in ein Haus gezogen und hatte den Kontakt zu ihren Eltern gemieden.

Voraussetzung für ein Korrektiv durch Mitmenschen ist allerdings, dass ein offenes Gespräch möglich ist. In der folgenden Geschichte kommt genau dies zum Erliegen, es wird nach und nach »substituiert«.

64

Das schweigende Anwaltspaar

Als Manfred zum ersten Mal die junge langhaarige Referendarin sah, fühlte er sich unbehaglich und bezaubert. Sie hieß Sandra und wollte ein Jahr lang in der Kanzlei hospitieren. Er blieb auf Abstand. In den Akten hatte er gesehen, *wie* jung sie war, und auch, wie einfach die Verhältnisse waren, aus denen sie kam. Er dagegen stammte aus einem vermögenden Elternhaus und war der Hauptgesellschafter einer der größten Anwaltssozietäten der Stadt. Bei den wichtigsten Anliegen hatte er das letzte Wort.

»Sie ist gewandt, ehrgeizig, attraktiv, und sie weiß, ihre Qualitäten einzusetzen«, sagten seine Mitarbeiter. Er schwieg. Sie wurde eingestellt.

Ein halbes Jahr später kam sie mit einem verzwickten Fall in sein Büro und bat um Rat. Danach lud sie ihn zum Dank auf ein Glas ein. Sie gingen zu Fuß in die Altstadt, setzten sich in eine Kneipe hinter bunte Butzenscheiben und redeten. Es verschwand alles um sie herum, der Lärm, der Alkoholdunst, die Distanz zwischen ihnen. Was sie aus ihrem Leben erzählte, schien Manfred vor langer, langer Zeit ganz genauso empfunden zu haben. Mit seiner ersten Frau, an Tagen, in denen er glücklich gewesen war, vor ihrem frühen Tod. Fortan sah er in Sandras Augen ein stilles Lächeln, wenn sie einander in der Kanzlei begegneten. Dies geschah öfter als zuvor.

Einen Monat später gingen sie noch einmal zusammen aus. Und diesmal blieb es nicht beim Kneipenbesuch. Warum sollte ich ein Gefühl abtöten, das so erfüllend ist, dachte er. Fünf Monate später heirateten sie, mit Gästen aus Wirtschaft, Politik und Medien. Sie harmonierten im Privatleben wie im Beruf. Sie kauften ein großes Haus in Hanglage. Es wurde,

65

auch dank Sandras charmanter Art, zu einem Anziehungspunkt des gesellschaftlichen Lebens. Nur Manfreds Sohn Jens, der in Berlin studierte, lehnte die neue Ehe des Vaters ab. Er nannte sie »Stiefmutter« und machte aus seiner Abneigung keinen Hehl.

Es verging ein Jahr. Manfred führte Sandra in seine großbürgerliche Welt ein. Sie besuchten Theateraufführungen, und Sandra trat seinem Golfklub bei. Abends kochten sie oft zusammen, tranken Wein, und danach saßen sie im Wohnzimmer und redeten. Manfred liebte es, wenn Sandra sich die Füße massieren ließ oder sich einfach nur an ihn lehnte. Er roch ihr warmes Haar, den Duft ihrer Haut.

Im zweiten Ehejahr drehten sich ihre Gespräche um Klatsch aus der Kanzlei und der besseren Gesellschaft, oder sie erlahmten ganz. Manchmal lag über Sandra eine stille Traurigkeit, aber wenn Manfred sie danach fragte, wich sie aus. »Das ist bei mir manchmal so. Geht wieder vorbei.«

Manfred hatte nicht den Eindruck, dass dies so war. Und als Sandra anfing, abends allein auszugehen, nagte die Eifersucht an ihm. »Nimm mich mit«, sagte er. Sie wollte nicht. Anfangs versuchte er, sich mit Freunden aus dem Klub abzulenken, doch immer öfter brütete er allein zu Hause, spielte Schach gegen den Computer, schaute belanglose Filme im Fernsehen an, deren Inhalt er schon vor dem Ende vergessen hatte.

Sie streifte unterdessen durch Kneipen, beobachtete die Leute und atmete den Dunst aus kalten Zigaretten, Schweiß und Klarem ein. Das tat ihr gut. Warum? Und warum wurde ihr auf der bequemen Couch neben Manfred zunehmend die Luft knapp? Was stimmte nicht mit ihr? Die Männer quatschten

66

sie an, sie wies sie lachend ab, trank ein paar Gläser Wein, bis sich etwas in ihr löste und sie den Mut fand, wieder nach Hause zu gehen.

Eines Abends traf sie ihren ehemaligen Kommilitonen Klaus, und sie kamen ins Gespräch. Er hing noch immer zwischen den letzten Prüfungen, seiner Band und Nebenjobs fest. Sie verstanden sich auf Anhieb, denn sie waren beide unglücklich. Keiner der beiden wusste, warum.

Als sie nach Hause kam, stand Manfred auf der Türschwelle. Er hatte einen irren Blick.

»Ich muss wissen, wo du hingehst«, schrie er.

»Ich bin dir nicht untreu. Ich brauche nur meine Freiheit«, sagte sie. »Hast du kein Vertrauen mehr zu mir?«

»Doch«, behauptete er. Aber die Eifersucht fraß sich wie ein Wurm in sein Gemüt. Er nahm ihr Smartphone in die Hand, es war mit einem Passwort geschützt, ihr Mail-Account war ebenfalls blockiert. Aber war das nicht normal? Er saß abends im Wohnzimmer, blickte über den Fluss und versuchte, seine Fantasie in Schach zu halten. Wenn sich die Scheinwerfer ihres Autos den Hang hochtasteten, nahm er die leere Whiskyflasche vom Tisch und trug sie in den Keller.

Manchmal nötigte er sie dann, sich ihm gegenüber zu setzen. Die Distanz zwischen ihnen war wie eine zähe, durchsichtige Masse. Durch ein paar Gläser verflüchtigte sie sich.

Dann kam Jens an einem Wochenende überraschend zu Besuch. Er war inzwischen 27, hatte von Informatik zur Soziologie gewechselt. Von einem Abschluss und einem Berufswunsch war nie die Rede gewesen.

Als Sandra nach Hause kam, deutete Jens auf die Tüten der Boutiquen. »Siehst du nicht, wie sie dich ausnimmt?«, fragte er seinen Vater.

»Sie arbeitet genau so hart wie ich.«

Jens lachte hämisch.

»Im Gegensatz zu dir«, fügte der Vater hinzu.

Manfred bereute sofort, was er gesagt hatte. Er hatte nie ein inniges Verhältnis zu seinem einzigen Sohn entwickelt. Und Jens hatte den Tod der Mutter nie verwunden.

»Lieber arbeite ich gar nicht, als mich zu prostituieren«, antwortete er. »Die ganze Stadt lacht über dich.«

Manfred war sprachlos.

»Lässt du dir so etwas sagen?«, sagte Sandra von der Galerie herunter. »Von einem Taugenichts, der sich nur an seinen Vater erinnert, wenn er Geld braucht?«

»Verachtest du ihn ebenso wie den mittellosen Klaus?«, fragte Manfred. Und Sandra erbleichte.

Jens reiste am selben Tag wieder ab. Manfred und Sandra nahmen sich das Wochenende Zeit, um zu reden. Sandra traf sich mit Klaus inzwischen mehrmals die Woche. Wie Manfred das erfahren hatte? Durch einen Privatdetektiv. Er musste seiner Frau erklären, warum er sie beschatten ließ. Und sie musste ihm erklären, was sie an diesem Klaus fand.

An das Gespräch konnte sich später keiner der beiden mehr erinnern, denn es endete damit, dass sie sich auf der Kellertreppe ein Bein brach und er sie ins Krankenhaus fahren wollte. Sie kamen bis zur zweiten Kreuzung, an der sie mit einem Müllauto zusammenstießen.

Als er eingeliefert wurde, begann er zu halluzinieren. Obwohl er nur leicht verletzt war, wirkte er psychotisch, sein Kreislauf brach zusammen, und er musste auf die Intensivstation verlegt werden. Die Ärzte wollten Sandra zum Zustand ihres Mannes befragen, aber sie hatte, neben mehreren Knochenbrüchen und Prellungen, ähnliche Symptome. Die Ärzte vermuteten eine Vergiftung und ließen in der Villa

68

die Küchenabfälle und den Kühlschrank durchsuchen. Ohne Ergebnis. Erst im Keller und auf dem Dachboden tauchten Hinweise auf: mehrere Kartons mit leeren Whiskyflaschen und tütenweise Altglas von Magenbitter und Likören. Beide Patienten waren Alkoholiker – und hatten ihren wahren Zustand voreinander verheimlicht.

Im Krankenhaus wurden die Folgeschäden des Autounfalls behandelt. Danach wurde das Paar getrennt in Entzugskliniken eingewiesen.

Als sie einander wiedersahen, führten sie ein Gespräch und einigten sich auf die Scheidung. So nahe wie in diesem Moment waren sie einander seit Monaten nicht gekommen.

Bei Suchterkrankungen steht am Ende immer die Isolation. Die Droge ersetzt den Gesprächspartner, der Rausch gibt das Gefühl von Geborgenheit. War der Alkohol bei diesem Paar zu Beginn der Ehe noch ein häufig genutztes Genussmittel, das anfangs sogar Bindung zwischen beiden hergestellt hatte, so flutete es peu à peu alle Kommunikationskanäle. An die Stelle des Gesprächs, auch des konfliktgeladenen, trat die gemeinsame Betäubung, eine geteilte Illusion.

Jeder weiß um die verheerende Wirkung des Drogenkonsums. Und doch hat sich in Deutschland die Zahl der therapiebedürftigen Alkoholiker seit 1950 verzwölffacht[11]. Forscher streiten darüber, ob wir heute in einer Gesellschaft der Suchtkranken leben, ob Süchte eine moderne Epidemie oder eine Konstante der Menschheitsgeschichte sind. Klar ist, dass Sucht in die soziale Isolation führt. Egal ob Arbeits-, Spiel-, Kokain-, Internet-, Alkohol- oder Konsumsucht, am Ende steht immer die Einsamkeit.

Andere Menschen werden dann höchstens noch als Mittel zum Zweck auf dem Weg zum Rausch betrachtet. Wahrneh-

69

mungs- und Gefühlsstörungen mögen anfangs durchaus verführerisch und lustbetont sein – auf lange Sicht sind sie zerrüttend.

Und doch verfallen wir immer wieder der Illusion, dass durch die Droge Nähe hergestellt werden könnte. Tatsächlich fällt es vielen Menschen angetrunken ja zunächst leichter, die Distanz zum anderen zu überwinden. Und so sind besonders einsame Menschen anfällig für Drogen, die die Welt vorübergehend ein bisschen freundlicher und anheimelnder zu machen scheinen. Doch eine echte Begegnung teilt man im Rausch nicht.

Wie auch der Stress führen Drogen in die Einsamkeit und verstärken diese noch. Und beide werden von Einsamen fatalerweise genutzt, um dieses schmerzhafte Gefühl zu betäuben.

Beim Alkohol weiß man oft nicht, ist es noch beschwingender Genuss oder schon gezielte Betäubung. Will man mit dem Alkohol die eigene Vitalität steigern, oder will man sie auslöschen? Im Fall des Ehepaares diente er zur Substitution des Gesprächs, des Gefühls der Gemeinsamkeit. Die beiden tranken gerne gemeinsam ein paar Gläser Wein, und je weniger sie in der Folge redeten, desto mehr tranken sie. Aber nicht nur gemeinsam, auch heimlich. Das einsame Trinken ist einer der klassischen Indikatoren des Missbrauchs. Beide waren nicht in der Lage, über ihre schmerzlichen Gefühle zu sprechen. Darüber, dass sie zum Beispiel doch sehr verschieden waren und unterschiedliche Dinge vom Leben erwarteten. War es für sie tatsächlich so leicht, nahezu vollständig im Leben ihres Mannes aufzugehen, seine Hobbys, seine Freunde, seinen Lebensstil zu übernehmen? Und Manfred erging es vielleicht ebenso. Er hatte geglaubt, sein Leben noch einmal von Neuem beginnen zu können, hatte nicht erkannt, dass

70

seine Lebensweise auch Ausdruck seiner Generation und seines Alters ist. Vielleicht hatten sie beide Angst gehabt, sich einzugestehen, dass sie einer Illusion aufgesessen waren.

Das Ignorieren der eigenen Gefühle ist oft der erste Schritt in die Einsamkeit. »Ist nur so ein Gefühl«, sagen wir, wenn wir uns niedergeschlagen, frustriert, verärgert, zurückgesetzt, neidisch, unverstanden oder eben einsam fühlen. Wir haben gelernt, uns nicht von unseren Affekten überwältigen, uns nicht »runterziehen« zu lassen. Wir sollen rational, verantwortungsbewusst, luzide sein. Gefühle haben einen schlechten Leumund. Sie trüben angeblich unser Urteilsvermögen, lassen uns launisch und unreif erscheinen. Negative Gefühle wollen wir schon gar nicht. Sie machen uns Angst, isolieren uns. Die Welt braucht gute Laune, Leute, die Optimismus verbreiten. Deshalb haben wir alle Strategien entwickelt, mit unseren negativen Gefühlen umzugehen. Wir verdrängen sie, leugnen sie, wandeln sie um, projizieren sie auf andere, betäuben sie (z. B. durch Alkohol und Suchtverhalten). Gefühle lassen das eine Weile mit sich machen, und dann schlagen sie zurück. Unkontrolliert und verzweifelt. Aus Angst und normalen Bedürfnissen werden dann Schuldgefühle und Wut. Der Frust wird so groß, dass wir glauben, ihn ersäufen zu müssen, damit wir nicht in ihm ersaufen.

2. Weg

Hin zum gesunden Ich

Fühlen Sie sich unwohl? Krank? Wissen Sie nicht, was Ihnen fehlt?

Um den Teufelskreis aus Krankheit und Einsamkeit aufzubrechen, müssen wir uns zuerst einmal um uns selbst kümmern, auf unsere Gefühle, Empfindungen und Bedürfnisse achten.

Suchen Sie den Austausch mit anderen Betroffenen, in Selbsthilfegruppen zum Beispiel. Nehmen Sie bei schweren Krisen die Telefonseelsorge, Notdienste usw. in Anspruch, auch Initiativen wie »Singende Krankenhäuser« oder die Deutsche Krebshilfe.

Damit es nicht zu einer schweren Krise kommt, sollten Sie es nicht herunterspielen, wenn es Ihnen schlecht geht, auch Verstimmungen nicht. »Ist nur so ein Gefühl«, ist die falsche Haltung. Lassen Sie Gefühle zu, auch unangenehme, lenken Sie sich nicht durch Zerstreuungen ab. Vielleicht steckt hinter der Traurigkeit ja Einsamkeit, stecken hinter Groll und Neid unerfüllte Wünsche, sie zu erkennen, könnte uns zeigen, was wir ändern müssen. Die Energie, die es uns kostet, Gefühle zu unterdrücken, wird uns bald an Lebenskraft fehlen. Sollte ein Gefühl besonders heftig sein, dann setzen Sie sich damit so ehrlich wie möglich auseinander. Wie genau fühlt es sich an? Wer oder was hat es ausgelöst? Warum setzt das Gefühl Ihnen so zu?

Stärken Sie Ihr Selbstbewusstsein, indem Sie sich für Ihre Anstrengungen belohnen. Üben Sie positive Gedanken ein.

Pflegen Sie sich, auch Ihre Äußeres, Ihre Wohnung. Das sendet freundliche Signale aus, an Sie, aber auch an andere.

Achten Sie auf Ihren Konsum von Genussmitteln, besonders wenn Sie sich einsam und unglücklich fühlen. Bekämpfen Sie Suchtverhalten schon im Ansatz. Sie sollen sich selbst Gutes tun, aber achten Sie darauf, dass es Ihnen langfristig guttut. Gewohnheiten, die ein Gefühl der Leere und Sinnlosigkeit hinterlassen, sollten Sie durch erfüllendere ersetzen.

3. Weg

Entdecken Sie Ihre Kreativität

Einsamkeit durch Isolation

Unser Feind will, dass der Geist
in der Einzelzelle sterben soll – aber
der Geist befruchtet sich selbst und lebt.

Petter Moen

Untersuchungshaft

An einem Montagmorgen, kurz vor sechs, wurde Dr. Yannick Meyer in seiner Mailänder Wohnung verhaftet. Er war erst wenige Stunden aus dem Urlaub zurück, als drei Carabinieri an seiner Tür klingelten und ihn, vor den Augen seiner ungläubigen Frau, abführten.

Eine Verwechslung, dachte er und zeigte seinen Pass und seine Flugtickets vor. »Ich bin Vertriebsleiter eines deutschen Pharmaunternehmens, eben erst aus dem Ausland zurückgekommen. Was wird mir denn vorgeworfen?«, fragte er empört. Die Beamten knurrten Gesetzesparagrafen und den Namen eines Medikaments.

»Cathrin«, sagte er, »ruf bitte die Rechtsabteilung an.«

Yannicks Taschen wurden durchsucht, sein Mobiltelefon in einen Plastikbeutel gesteckt. Dann wurde er in einen dunklen Alfa Romeo geschoben, auf dem ein Blaulicht kreiste. Der Morgen dämmerte, ein paar wenige Fußgänger waren zu sehen, auf dem Weg zur Arbeit. Meyer beneidete sie plötzlich und dachte voller Ungeduld an die Aufgaben und Mails, die sich auf seinem Schreibtisch stapelten. Er war noch nie in Haft gewesen. Deshalb erwartete er, dass man ihn sofort befragte, stattdessen führte man ihn in einen Anbau der Carabinieri-Station und sperrte ihn in eine Zelle. »Ich habe keine Zeit. Wie geht es denn jetzt weiter?«, fragte er, als sich der Uniformierte entfernte.

»Das werden Sie schon erfahren«, rief er über die Schulter in seine Richtung und ging.

Yannick saß auf der Pritsche und lauschte. Bei jedem Geräusch im Korridor dachte er, jetzt kommen sie, und ich werde endlich erfahren, was los ist. Nervös ging er auf und ab. War er in Untersuchungshaft? Vorläufig festgenommen? Er musste dringend mit den Anwälten reden. Aber wie? Sein Blick fiel auf die Alupritsche, das Laken, das Waschbecken und die Toilettenschüssel aus Edelstahl. Alles kam ihm irreal vor. Nach zwei Stunden hatte er alles schon hundertmal gesehen, er war bereits tausendmal die drei Schritte zwischen dem kleinen Tisch an der Stirnwand und der Zellentür hin und her gegangen, er hatte tausendmal überlegt, was man ihm genau vorwarf. Aus seiner ungeduldigen Nervosität war Hektik geworden, Unsicherheit, Angst. Er musste raus, irgendwie, und er fing an, mit der Hand gegen die Zellentür zu schlagen.

Seine Sekretärin musste längst zu Hause angerufen haben. Und dann? Warum war nichts unternommen worden? Und

78

Cathrin? Was tat sie? Seine Gedankengänge wurden sprunghaft. Das Präparat, das die Beamten erwähnt hatten, war ein Herzmedikament. Die Zulassung war ins Stocken geraten, neue Studien über angebliche Nebenwirkungen waren aufgetaucht, negative Schlagzeilen. Aber damit hatte er nichts zu tun. Sonst hätte die Firma ihn aus dem Urlaub geholt. Er war nur für den Vertrieb zuständig, nicht für Wirkstoffe und chemische Zusammensetzung. Das konnte er schnell klarstellen, aber man hörte ihn nicht an!

Er las die Inschriften seiner Vorgänger auf den mintgrünen Wänden und versuchte, daraus Schlüsse zu ziehen.

Meyer musste eine Verteidigungsstrategie entwickeln. Aber wie? Wenn er nicht wusste, worum es ging, sich nicht konzentrieren konnte. Ich muss mit der Konzernspitze reden, dachte er immer wieder. Die Wände schienen sich manchmal auf ihn zuzubewegen. Er probierte es mit Entspannungstechniken, und als er sich ein wenig beruhigt hatte, lauschte er wieder hinaus. War es nicht längst Abend?

Yannick, ein Mann, der seinen Mitarbeitern täglich Hunderte Anweisungen gab, der in Sekunden Nachrichten und Dispositionen in alle Abteilungen des Konzerns leiten und Informationen abrufen konnte, war vollkommen ohnmächtig. Immer wieder stellte er sich dieselben Fragen. Was macht die Konzernspitze? Wer ist noch verhaftet worden? Warum hilft mir keiner? Nicht einmal Cathrin?

Als man eine Luke öffnete und er Hände sah, die ihm ein Tablett mit drei Schalen darauf in die Zelle schob, stürzte er zur Tür und schrie: »Wann werde ich befragt?« Die Luke klappte zu. »Reden Sie mit mir!« Niemand reagierte. Das Essen. War es etwa erst Mittag? Er stach mit dem Plastiklöffel in die dickflüssige Gemüsesuppe. Er hatte keinen Hunger, aber die mechanische Bewegung des Löffels beruhigte ihn. Doch als der Teller leer war, befiel ihn wieder Panik. Was war, wenn man ihn mehrere Tage festhielt? Er hatte sich immer für einen starken Menschen gehalten. Nun war er sich nicht sicher, ob er das tatsächlich war. Cathrin war jetzt wohl unterwegs, um die Kinder aus dem Kindergarten abzuholen. War es möglich, dass sie da draußen einfach so weiterlebten?

Als Yannick endlich von zwei Beamten zur Befragung abgeholt wurde, zitterten seine Beine, seine Hände, seine Stimme. Er wurde in einen Raum gebracht, in dem mehrere Computer standen, dunkle Glasscheiben. Er konnte die Neonröhren an den Decken sirren hören. Ein bärtiger Mann in Uniform saß an einem Tisch und wartete, bis man Yannick die Handschellen abgenommen hatte. Er setzte sich. Keiner der Anwälte war gekommen. Als er nach ihnen fragte, lachte der Kommissar.

»Haben Sie meine Firma informiert?«, fragte Yannick.

»Wir?«

Ließ der Konzern ihn etwa hängen? Ein abgekartetes Spiel? Sollte er als Bauernopfer herhalten? Oder kam der Angriff von unten? Er dachte an seinen jungen ehrgeizigen Assistenten, Dr. Gruber. Er hatte ihn mit so einem merkwürdigen Lächeln in den Urlaub verabschiedet. Ich hätte keinen Urlaub nehmen dürfen, dachte Yannick. Dr. Gruber war bei ihnen sogar zum Abendessen gewesen, hatte immer wieder Blicke mit Cathrin getauscht.

»Ich muss telefonieren«, sagte Meyer.

Niemand reagierte.

»Wann darf ich meine Frau sehen?«

Die beiden Beamten hinter ihm legten ihm nur eine Hand auf die Schulter und drückten ihn auf den Stuhl.

»Ich habe nichts verbrochen. Wo ist der Haftrichter? Ich werde mich an den Internationalen Gerichtshof wenden.«

80

»Also können Sie doch Italienisch?«, fragte der Kommissar mit einem höhnischen Grinsen.

Was sollte die Frage? Natürlich konnte er Italienisch.

Er wurde in die Zelle zurückgebracht und sah zu, wie das Tageslicht der Dämmerung wich. Die Angst vor der Nacht war kaum auszuhalten. Und am nächsten Tag würde es zu spät sein, die Dinge geradezurücken. Gruber würde einstweilen die Geschäfte übernehmen. Und jede Stunde, die er hier festsaß, spielte ihm in die Karten.

Da Yannick nicht schlafen konnte und die Ängste ihn zu erdrücken schienen, setzte er sich an den kleinen Holztisch. Er hatte kein Papier, keinen Stift, aber er fing an, mit einem Splitter, den er aus dem Tischbein gebrochen hatte, Stichpunkte in den Staub zu kratzen. Den Namen des Medikaments, seine Funktion in der Firma, die Dauer des Urlaubs. Die Ordnung, die er in seine Gedanken brachte, beruhigte ihn.

Als der Morgen dämmerte, wischte ein Schatten über den Tisch. Die Silhouette eines Vogels, er landete im Fensterrahmen. Er zwitscherte, und dieses Zwitschern rief in Yannick etwas wach. Er stand auf, vorsichtig, um den Vogel nicht zu verscheuchen. Er ahmte die Melodie mit gespitzten Lippen nach. Der Vogel verstummte. Ob er ihn gehört hatte? Er hüpfte im Zellenfenster hin und her, und Meyer spürte plötzlich eine unangemessene Freude.

Als härteste Strafe gilt bei uns Menschen, abgesehen von der Todesstrafe, die Einzelhaft. Menschenrechtsorganisationen verdammen sie als Folter. Denn die fehlende Resonanz führt zwangsläufig zu Zerrüttung, zu Verwirrtheit, Autoaggression, extremen Schuldgefühlen, Depressionen, hinzu kommen durch fehlendes Sonnenlicht und mangelnde körperliche Bewegung ausgelöste Stoffwechselprobleme und organische

Schädigungen. Petter Moen, ein norwegisches Opfer des »Dritten Reichs«, ist ein gutes Beispiel dafür. Der Mathematiker koordinierte die Widerstandspresse gegen die Nazis, wurde von der Gestapo verhaftet, in Isolationshaft genommen und gefoltert. Obwohl man ihn objektiv als hochanständigen, ja heroischen Menschen sehen würde, wurde er in der Zelle von den schlimmsten Gewissensqualen und Selbstmordfantasien gepeinigt. Dass er unter Folter Namen von Mitstreitern genannt hatte, wollte er sich nicht verzeihen. »Ich betete innig zu Gott für meine Zukunft, dass ich etwas anderes als der Auswurf werde, der ich mein Leben lang gewesen bin«[12], schrieb er in sein Tagebuch. Ihm war zwar das Schreiben ebenso verboten wie Lektüre, Arbeit, jede Form von Ablenkung, aber er hatte im Zellenrollo einen Drahtstift gefunden, mit dem er seine Worte Buchstaben für Buchstaben in das Toilettenpapier stanzte. Durch das Schreiben wahrte er seine Widerstandskraft und das Gefühl für sich selbst.

Einzelhaft ist ein extremer Zustand, der glücklicherweise kaum jemandem widerfährt. Aber sie verdeutlicht, wie unsere Psyche reagiert, wenn sie aus dem Wahrnehmungskontinuum mit anderen herausgerissen ist. Einsamkeit ist gefährlich, weil sie uns in einen Wahn treiben kann. Das permanente Selbstgespräch, vor allem in Stresssituationen, führt leicht in die Sackgasse, nicht zur Problemlösung. Gefangenschaft können wir in vielerlei Form erfahren. Wir können uns gefangen in unserem Job fühlen, in unserem Alltag, unserer Tretmühle, unserem Leistungswahn, unserem Digitalstrom, wir starren auf Monitore, schütteln störende Reize ab, laufen mit Scheuklappen durch die Welt, weil wir fokussiert sind. Wir errichten Mauern, um uns zu schützen. Und wenn die Mauern stehen, werden sie zum Gefängnis. Wir sitzen hinter einer Firewall, aus Angst vor Viren, können aber keine neue Software installieren. Mauern bauen die Menschen in der Regel, um Leib und Leben oder ihren Besitz zu wahren. Und gleichzeitig blockieren sie sich damit. Jede Überzeugung, jede Ideologie, jede Grenze, die wir um uns ziehen, hat diese doppelte Valenz: Schutz und Einengung. Ein gesunder Mensch sorgt für Durchlässigkeit, öffnet Fenster, sorgt für frische Luft, einen Blick über den Tellerrand.

In geschützten Räumen kann man entspannen und sich erholen. Man kann störende Geräusche und Licht aussperren. Doch Erholung kann auch in Trägheit ausarten. Wenn Neugier auf die Außenwelt erlahmt, wenn aus unseren Überzeugungen starre Wert-, schließlich Vorurteile werden, dann verwandelt sich der geistige und emotionale Komfort in Isolation. Unsere persönliche Wohlfühlzone ist, bevor wir uns dessen richtig bewusst geworden sind, eine Sitzecke im Kerker geworden. Und je länger und konsequenter wir der Auseinandersetzung mit anderen aus dem Weg gegangen sind, desto schwieriger wird der Neuanfang sein.

So wie unser Immunsystem sich irren und harmlose Besucher als Krankheitserreger einordnen kann, so kann auch unser Wahrnehmungssystem überreagieren. Wir misstrauen anderen Menschen, halten sie für feindselig, bedrohlich, hinterhältig und gehen auf Distanz. Wir deuten Signale in ihrem Verhalten vielleicht falsch, sind besonders misstrauisch, sehen Hintergedanken, wo keine sind.

Es gibt Krankheiten wie das Locked-in-Syndrom oder bestimmte Formen von Autismus, die den Menschen psychisch in extreme Isolation führen. Viele Menschen wünschen sich, sie könnten aus ihrer Haut oder über ihren eigenen Schatten springen, sie fühlen sich gefangen in ihrem Ich, in ihren Ängsten, ihren Scham- und Minderwertigkeitsgefühlen.

Und tatsächlich sind wir alle in gewisser Weise gefangen in unserem Ich. Unser Horizont ist begrenzt, und die Wahrnehmung innerhalb dieses Horizonts ist eingeschränkt durch unser Temperament, unsere Erziehung, frühkindliche Erfahrungen usw. Wir sehen nie die ganze Realität, wir sehen unser Bild, unsere Vorstellung davon. Und diese Beschränkung ist uns auch nicht unangenehm, sie bietet Stabilität und Vertrautheit und wirkt beruhigend. Das Vertraute kann jedoch auch zur deprimierenden Monotonie werden. Deshalb sehnen wir uns gleichzeitig immer auch nach Entgrenzung, versuchen, unser Bild von der Wirklichkeit zu vervollkommnen, allein schon um Gefahren und Ressourcen für uns zu erkennen. Ein oder, besser noch, viele Gegenüber helfen uns dabei. Vier Augen sehen nicht nur mehr als zwei, sie sehen anderes. Im Idealfall entsteht daraus ein fruchtbarer Dialog, gespeist aus Neugier, Wohlwollen und gegenseitiger Achtung. Das Weltbild des Einzelnen wird im Miteinander umfassender und realistischer. In der Normalität (z. B. in einer Ehe) kann daraus gleichzeitig immer Streit entstehen, da ja die Partner die Dinge verschieden sehen und beurteilen. Es erfordert viel Vertrauen, ja Hingabe, sich dem anderen anzupassen, ohne die Angst, das individuelle Profil zu verlieren, als Individuum verloren zu gehen. Die Perspektiven gleichen sich über die Jahre an. Tun sie es zu wenig, ist es schwer, das Leben miteinander zu teilen. Tun sie es zu sehr, verliert man das heilsame Korrektiv durch den Partner. So wie langjährige Lebenspartner eine ähnliche Handschrift entwickeln, so betrachten sie auch oft die Welt in ähnlicher Weise.

Die Geschichte des isolierten Yannick zeigt, wie schnell wir in einen paranoiden Leerlauf geraten können. Wenn verlässliche Informationen fehlen, wenn die Möglichkeit zu Austausch und Auseinandersetzung mit anderen fehlt, besonders wenn die Wirklichkeit verwirrend und unverständlich ist, dann treten Fantasien an die Stelle der Realität. Wir projizieren unser geringes Wissen auf die Welt und versuchen, uns damit zu orientieren. Ängste, Stress und Unsicherheit laden diese vermeintliche Wirklichkeit auf, verwandeln sie in eine Art Geisterbahn. Freunde werden zu Monstern, Partner zu Verrätern. Wir wissen nicht, ob der Konzern Yannick wissentlich im Stich gelassen hat. Seine Grübeleien steigerten sich jedenfalls zur Paranoia und trübten seinen Verstand.

Yannick war psychisch gesund und schaffte es schließlich, auf Abstand zu seiner Paranoia zu gehen. Dies gelingt nicht jedem.

Das infizierte OP-Besteck

Dejans Eltern waren mit ihm nach Deutschland gekommen, als er vier war. Sie hatten alles dafür getan, dass ihr einziger Sohn Medizin studieren konnte. Der Vater, in der Heimat Ingenieur, hatte in der Fabrik am Fließband gearbeitet, die Mutter in einer Putzkolonne. Dejan legte ein exzellentes Examen ab und wurde Facharzt für Orthopädie und Unfallchirurgie. Er fand sofort eine Assistentenstelle in einer renommierten Klinik. Unter Professor Kramps lernte er die Routine der Chirurgie kennen. In der Freizeit studierte er Fachpublikationen und nahm an Kongressen teil. Dadurch wurde ihm klar, dass sein nicht mehr ganz junger Chef in Arthroskopie und der Rekonstruktion von Kreuzbändern nicht mehr auf dem neuesten Stand war. In Italien, Österreich und den USA nutzte man eine Methode mithilfe des OP-Mikroskops, die präziser und schonender war. Doch Dejan hielt sich mit Kritik zurück, er war sicher, seine Zeit würde kommen. Im Herbst schied einer der Chirurgen aus, und Dejan war einer von zwei Assistenten, die für die Nachfolge als Oberarzt infrage kamen. Der andere hieß Martin, fröhlich, untersetzt, bei Patienten, Pflegern und Ärzten gleichermaßen beliebt. Fachlich war er nach Dejans Auffassung bestenfalls Mittelmaß, und seine Wissenslücken kaschierte er gerne mit Witzen, über die alle lachten – außer Dejan.

Beim Mittagessen in der Kantine setzte Dejan sich meistens an den Rand des Tisches; er wahrte Abstand zu seinen Kollegen, die lachten, scherzten und in eine Albernheit verfielen, die ihm auf die Nerven ging. Die Frohnatur Martin schaute gelegentlich zu ihm herüber, feindselig, wie Dejan fand. Nach einiger Zeit beschloss er, der gemeinsamen Mittagsrunde fernzubleiben und seine Nerven stattdessen durch Spaziergänge zu beruhigen.

Eines Tages vor einem Routineeingriff, bei dem er assistieren sollte, kam der Professor ins Arztzimmer und sagte zu Dejan: »Heute werden Sie operieren und ich Ihnen assistieren. Trauen Sie sich das zu?« Natürlich traute er sich das zu. Auf diese Chance hatte er lange gewartet. Es war eine Meniskus-Operation, die sich unter arthroskopischer Sicht als unerwartet kompliziert erwies. Eine Herausforderung für Dejan.

Als er an den OP-Tisch trat und die ersten Schnitte setzte, fiel plötzlich der Blutdruck des Patienten bedrohlich ab. Der Anästhesist reagierte nervös, Hektik kam auf, und Dejan wurde das falsche OP-Besteck gereicht. Er kochte vor Wut, schrie die Kollegen und Schwestern an und konnte sich gerade noch beherrschen. Was er wirklich dachte, sagte er nicht: Dass nämlich eine solche Verkettung von Fehlern kein Zufall sein konnte, sondern eher ein Komplott, man hatte sich gegen ihn verschworen, und aus Missgunst nahm man sogar ein Scheitern

86

der Operation in Kauf. Dejan war verantwortungsbewusst genug, um an den Chef zu übergeben, der die OP erfolgreich beendete.

Als Dejan am nächsten Tag in der Klinik erschien, sah er in die kühlen Gesichter der Kollegen und Schwestern, aus Martins Miene schien Häme zu sprechen. Bei der morgendlichen Besprechung überging man ihn, was auch daran lag, dass Dejan sich in die hinterste Ecke verkrochen hatte.

Eine zweite Chance lag sicher in weiter Ferne. Man bedachte ihn nur noch mit harmlosen Eingriffen, die jeder Anfänger beherrschte. Dejan war verletzt und nutzte jede freie Minute für die Lektüre von Fachliteratur aus den USA. Im Geiste operierte er fortwährend die kompliziertesten Fälle. Denen würde er schon beweisen, dass er das Genie war. Er reduzierte den Schlaf auf ein Minimum, ignorierte den zeitweilig auftretenden Kopfschmerz. Morgens erschien er blass und mit dunklen Augenringen in der Klinik. Die Kollegen und die Schwestern betrachteten ihn besorgt. Dejan ignorierte sie. Heuchler, dachte er.

Die Wochen vergingen. Dejan blieb weiterhin außen vor, der Kollege Martin wurde nun mit schwierigeren Eingriffen betraut. Jedes Mal, wenn Martin einen Eingriff durchführte, tigerte Dejan unruhig durch den langen Korridor und behielt die rote OP-Lampe im Auge. Dann ging die Lampe aus, das hieß, alles war gut verlaufen, und schon sah er die Schwestern, den Professor und Martin plaudernd und scherzend aus dem Saal kommen und in die Cafeteria verschwinden. Finstere Gedanken überfielen ihn, ihm wurde übel. Er stürzte zur Toilette und übergab sich. Doch eines Morgens rief der Professor den inzwischen übernächtigten und nervösen Dejan zu sich und teilte ihm mit, dass er heute operieren würde.

»Ich werde Sie bestimmt nicht enttäuschen«, antwortete Dejan überrascht.

»Das hoffe ich«, war die Antwort.

Diese Bemerkung, vor allem der scheinbar herablassende Ton, hinterließ einen merkwürdigen Nachhall bei Dejan. Als er sich mit dem Professor zwei Stunden später Richtung OP aufmachte, stand Martin, der assistieren sollte, auf dem Flur und flüsterte einer jungen Schwester etwas ins Ohr. Es war dieselbe Schwester, die ihm beim letzten Mal das falsche Besteck gereicht hatte. Ging das schon wieder los? Sollte Dejan ein Veto einlegen? Er unterließ es, um den Chef nicht gegen sich aufzubringen. Zunächst ging auch alles nach Plan, aber als er das gerissene Außenband vernähen wollte, zitterten seine Hände, und er war nicht in der Lage, seine Arbeit abzuschließen. Er schrie voller Wut: »Haben wir nicht einmal eine spitze Nadel in diesem Saftladen? Wollt ihr wieder meine Arbeit sabotieren?«

Das OP-Team sah sich irritiert an, der Professor nahm schweigend Dejan die Nadel aus der Hand und vernähte die Wunde. Erschöpft und schweißgebadet setzte sich Dejan auf den nächsten Stuhl. Er entledigte sich der OP-Montur und schleuderte sie in die Ecke. Das Team verließ fassungslos den Saal. Dejan hörte gerade noch, wie Martin sagte: »Mit dem stimmt doch was nicht, Herr Professor!« Das wird er noch bereuen, dachte Dejan. Der Professor wird schon sehen, wozu Martin taugt.

Am nächsten Tag studierte Dejan den Aushang auf der Abteilung. Für den ersten Eingriff war Martin wie erwartet als Operateur eingetragen. Dejan war darauf vorbereitet und hatte ein Fläschchen mitgebracht. Es enthielt eine Lösung mit Bakterienkulturen. Er öffnete den Schrank mit dem OP-Besteck und ließ auf jedes Skalpell einen Tropfen fallen …

Die Geschichte des jungen Arztes ist schnell zu Ende erzählt. Zum Glück wurde er von einer Schwester beobachtet, die sofort den Professor informierte. Dieser hatte bereits den Neurologen und Psychiater der Klinik gebeten, sich den jungen Kollegen einmal anzusehen. »Ich hätte längst etwas unternehmen sollen«, war sein Kommentar. Dejan weigerte sich zunächst. Doch als man ihn vor die Alternative stellte: Anzeige oder Untersuchung, gab er nach. Durch eine eingehende Psychotherapie konnte er aus seinen Zwangsvorstellungen befreit werden.

Der Leistungsdruck, dem er von klein an ausgesetzt gewesen war, die Bürde, die seine aufopferungsvollen Eltern ihm mitgegeben hatten, war irgendwann zu viel für ihn geworden. Im Konkurrenzkampf mit Martin um die Stelle bei gleichzeitiger Isolation im Kollegium war seine Fähigkeit, die Realität wahrzunehmen, auf der Strecke geblieben. Anstatt in Austausch mit den Kollegen zu gehen, hatte Dejan sich zunehmend zurückgezogen und nahezu alles Negative auf sich bezogen.

»Jeder von uns hat seine kleinen Verrücktheiten«, schreibt Marcel Proust. Und der Übergang von gesunder Wunderlichkeit zu pathologischer Wahrnehmungsverzerrung ist fließend. Allerdings gibt es Menschen, deren Bild der Wirklichkeit wahnhaft ist. Sie können es mit niemandem teilen. Diese Menschen leiden unter einer besonderen Form von Einsamkeit. Sie sind gefangen in einer hermetischen Welt, in mentaler und emotionaler Einzelhaft. Das Lächeln eines anderen Menschen ist dann Häme, wenn zwei miteinander reden, schmieden sie ein Komplott.

Wie gesagt, wir alle leben in »unserer eigenen Welt«, jedes Bild der Wirklichkeit ist subjektiv, oft ist auch unser Selbstbild positiv übersteigert[13]. Eine angenehme Illusion und kein großes Problem, solange sie unser Selbstwertgefühl stabilisiert, uns in dem Glauben lässt, wir seien besonders produktiv, großzügig, ein Gewinn für die Welt usw. Wenn wir den anderen allerdings deshalb abwerten, dann wird diese Illusion zum Problem. In Diskussionen, in denen dann aufgerechnet wird, kommen die Widersprüche zum Vorschein. Hier empfiehlt es sich, Wohlwollen zu üben und immer daran zu denken, dass auch unsere Einschätzung trügt. Und zwar meist zu unseren Gunsten.

Gesunde Geister befruchten und belehren einander behutsam. Ein Wahnsinniger sieht in Argumenten des anderen nur Lügen, Angriffe, Bluffs. Sein Bild steht unverrückbar fest. Im Fall Dejans lag eine Psychose vor, die ihm eine scheinbare Überlegenheit gepaart mit einem Verfolgungswahn und der Abwertung der Anderen vorspiegelte. Er konnte Martins Fähigkeiten nicht würdigen, konnte sich menschlich und fachlich nicht weiterentwickeln, weil er Kritik und die Qualitäten des Anderen nicht annehmen konnte. Martins emotionale Intelligenz zum Beispiel, mit der er eine entspannte Atmosphäre bei der Arbeit schuf, war ein wichtiger Faktor für das Gelingen von Operationen. Trockenes abstraktes Wissen bedeutet nicht unbedingt schöpferische Kompetenz.

Und in allem, was wir tun, egal ob wir mit den Händen oder dem Geist arbeiten, ob wir Telefonverträge verkaufen, eine Mauer bauen, einen Kunden an der Supermarktkasse bedienen, sind wir schöpferisch tätig und erzeugen ein emotionales Fluidum, ein Miteinander, das eine gewisse Temperatur hat. Wir können dabei Wärme abgeben – oder Kälte. Wir schaffen etwas, und wir tun es fast immer im Zusammenspiel mit anderen. Dies kann in einer witzigen Bemerkung gegenüber dem Kunden, in einer Geste beim Reichen eines Ziegel-

90

steins, in einer besonderen Idee beim Anlegen eines Gartens seinen Niederschlag finden. Selbst eine automatisierte, entfremdete Arbeit bringt meist eine Begleitmusik durch den Kontakt mit anderen Menschen mit sich. Dabei entsteht Spielraum für Fantasie und Spontaneität. Ein hermetischer Geist steckt in vorprogrammierten, schematisierten Abläufen fest. Die Konzentration ist total, das Kreative, Natürliche geht verloren. Und damit der menschliche Faktor, das Wachsen der Bindungen, Wachstum und Weiterentwicklung überhaupt. Die Folge: Erstarrung und Einsamkeit.

Extremformen innerer Gefangenschaft sind psychopathologische Erkrankungen, bei denen selbst ein Therapeut kaum noch die Mauern durchbrechen kann. Gesunde Menschen zeigen immer wieder einmal Tendenzen in diese Richtung (z. B. wenn sie im Affekt handeln, »blind« vor Wut, überarbeitet, gestresst sind), und es ist wichtig, sich klarzumachen, dass daraus ein gefährlicher Teufelskreis entstehen kann.

3. Weg

Entdecken Sie Ihre Kreativität

Fühlen Sie sich gefangen? Hilflos? In der Sackgasse? Leben ist permanente Veränderung. In Routine und Stillstand verkümmern wir. Wir resignieren in Schüchternheit, Scham, fehlendem Selbstvertrauen. Wir geraten in Grübeleien, gedankliche Endlosschleifen: So bin ich nun mal, ich kann nicht anders … Falsch. Sie können anders. Aber Veränderung erfordert immer, dass Sie aktiv werden. Und sei es durch Streik. Resignation ist Gift, gerade auch für unser

Sozialleben. Reißen Sie sich aus der Lethargie. Das kann auf die banalste Art geschehen. Wichtig ist, dass Sie in einen Zustand geraten, in dem Sie Ihre Kräfte spüren.

Noch besser ist es, wenn sie kreativ werden, experimentieren, sich »neu erfinden«. Sobald wir schöpferisch sind, fühlen wir uns freier und aufgeschlossener, auch anderen Menschen gegenüber. Denn Kreativität ist ansteckend, kreative Menschen sind neugierig, gesellig, sinnlich. Menschen, die voller Ideen und Initiativen sind, reißen andere mit, strahlen Energie und Optimismus aus. Und Kreativität.

Schöpferische Fantasie und Sinnlichkeit sind mit Emotionen verknüpft. Und diese nähren unsere sozialen Instinkte. Sie müssen Ihre Neugierde fördern, Ihre Spielfreude.

Wenn Ihr Weltbild erstarrt ist, dann setzen Sie sich mit den Ideen anderer auseinander, durch Gespräche, Lektüre, politische oder kirchliche Gruppen.

Unsere Verbindungen zu anderen Menschen sind nie ganz abgeschnitten, sie leben in unserer Erinnerung, unserer Vorstellungswelt. Wen haben Sie aus den Augen verloren? Um welche abgelegte Freundschaft tut es Ihnen leid? Vielleicht genügt ein Anruf, um wieder ins Gespräch zu kommen. Vielleicht vermisst Sie auch der andere manchmal, aber niemand tut den ersten Schritt. Warum tun Sie ihn nicht? Sie haben nichts zu verlieren.

Welche Interessen haben oder hatten Sie? Was davon können Sie wieder aktivieren?

Gibt es Kurse, die Sie besuchen können, geheime Träume, die Sie aufgegeben haben? Wollten Sie früher singen, malen, tanzen? Es gibt Workshops für jedes Niveau. Auch für totale Anfänger. Informieren Sie sich im Netz.

Reden Sie sich nicht ein, Sie seien zu alt, zu wenig talentiert, Ihre Hervorbringungen seien peinlich. Es geht nicht um Leistung, sondern um die Freude am Tun und an der Gemeinschaft. Probieren Sie sich einfach aus. Oder schauen Sie nur zu.

4. Weg
Üben Sie sich in Mitgefühl

Im Netz der Einsamkeit

Das Alleinsein ist uns der fürchterlichste Gedanke der
Schöpfung; und eine Furcht, die nie recht aus uns will.

Jean Paul

Als ich, Christian Försch, in die dritte Klasse kam, trat in meinem Leben eine scheinbar banale Veränderung ein. Unser
Schulgebäude war zu klein für alle, deshalb wurden wir ausgelagert und mit dem Bus ins Nachbardorf gefahren.

Wir versammelten uns im Dämmerlicht des Spätsommermorgens an der Haltestelle. Auch zwei Brüder, die ich nur
vom Sehen kannte, waren dabei. Sie waren stämmiger als ich,
der eine einen Kopf größer. Sie traten auf mich zu, lächelten,
und dann versetzten sie mir blitzschnell, ohne ersichtlichen
Grund, ein paar gezielte Faustschläge. Danach folgte eine
Gerade auf den Solarplexus. Auf der Stelle klappte ich zusammen, bekam keine Luft mehr und spürte einen Schmerz, der
in alle Glieder ausstrahlte. Ich japste und schützte mein Ge-

sicht gegen Tritte, während die anderen Kinder wortlos um mich herumstanden. Warum? Ich hatte den beiden Brüdern nichts getan, war nicht einmal in einer Klasse mit ihnen.

Am nächsten Morgen ging ich voller Angst zur Haltestelle. Als die beiden kamen und mich wieder anlächelten, erstarrte ich. Was würde diesmal passieren? Dasselbe wie am Vortag: Faustschläge gegen die Brust, die Arme, Richtung Kopf und die Gerade in den Magen, die mir die Luft nahm. Jeder Schultag begann von nun an mit Schlägen, sie wurden zur Routine.

Wenn ich abends zu Bett ging, dachte ich voller Grauen an den nächsten Morgen. Ich war streng katholisch erzogen: »Wenn dir jemand auf die linke Wange schlägt, dann halte ihm auch die rechte hin.« Was ich tun durfte, war beten. Also betete ich, aber das half nicht lange. Sobald ich das Licht ausmachte, fingen die Gedanken und Ängste an, in meinem Kopf zu kreisen. Du musst dich wehren, auch wenn es gegen die Gebote Jesu verstößt, geisterte es durch meinen Kopf. Du hast ohnehin keine Chance, sie sind zu zweit, stärker und brutaler als du. Egal, alles war besser als diese Angst. Also studierte ich einen Bewegungsablauf ein, legte fest, in welcher Reihenfolge ich wo hinzielen würde.

Heute frage ich mich: Warum weihte ich niemanden ein? Nicht einmal meine Eltern? Vermutlich wollte ich nicht als Petze und Memme verachtet werden. Das Schlimmste an dieser Erfahrung war nicht der körperliche Schmerz, sondern der Verlust meiner Selbstachtung. Warum ich, fragte ich mich. Dafür muss es doch einen Grund geben. Sonst hätten die anderen mir geholfen.

»Eigenartigerweise werden bei Opfern überwältigender Gewalt meist keine Programme von Revanche oder Rache aktiviert (was Außenstehende oft nicht verstehen können). Das

›Programm‹ einer Gewalttat hat die Botschaft: Du bist nichts wert, ich kann dich behandeln wie eine wertlose Sache, man darf und sollte dich zerstören. Im Verlauf einer Überwältigungstat geht das Handlungsprogramm des Täters über die *unvermeidliche* spiegelnde Aktivierung neuronaler Handlungsprogramme im Opfer vom Täter auf das Opfer über. Dieser Vorgang läuft komplett unbewusst ab.«[14]

Damals nannte man Übergriffe wie diesen noch nicht Mobbing. Und sie waren meist auf körperliche Gewalt und kleine Gruppen wie die Schulklasse, eine Clique oder die Fußballmannschaft beschränkt. Das World Wide Web hat heute eine neue Dynamik in diese Gewaltform gebracht. Die Täter können sich hinter einem Alias verstecken, bleiben anonym, fühlen sich unantastbar und werden vollkommen enthemmt. Das Internet nimmt dem Schulhof die Grenzen. Das Opfer sieht sich nicht nur vor den Klassenkameraden, sondern vor der ganzen Welt gedemütigt. Die Scham wird ebenso uferlos wie die Misshandlungen, die räumlich und zeitlich unbegrenzt sind, gültig für die Ewigkeit. Die Zeit heilt keine Wunden mehr, denn sie tilgt keine Accounts im Netz: Schlüpfrige Videos, Hasskommentare und Ähnliches sind für immer abrufbar. Selbst wenn Behörden das Löschen anordnen, sind die Inhalte bereits millionenfach kopiert, heruntergeladen und verlinkt worden. Die virale Verbreitung ist nicht rückgängig zu machen.

Corinna

Corinna war die Nachzüglerin einer wohlhabenden Familie. Ihre Eltern versuchten, ihr all die Zuwendung zu geben, die sie ihren älteren Geschwistern versagt hatten, weil seinerzeit die Firma Vorrang hatte. Corinna bekam das hellste Zimmer, ein Reitpferd, einen Professor für Klavierstunden, ihr eigenes Heimkino und alle Markenwaren, die sie sich wünschte.

Als sie zwölf wurde, begann sie, Make-up und High Heels ihrer Mutter auszuprobieren, und sie wählte Kleidung, die ihre weiblichen Formen betonte. Die Jungs flogen auf sie, oft bekam sie Briefchen zugesteckt, Anrufe und SMS auf ihrem Handy. Sie schien das alles zu genießen, lud Fotos und Videos von sich im Netz hoch, betrieb einen eigenen YouTube-Kanal und bekam viele Likes. Als sie dreizehn wurde, lud sie ihre Freundinnen und Freunde zu sich nach Hause ein und veranstaltete eine aufwendige Poolparty. Doch danach schien Corinna sich zu verändern. Sie wirkte traurig und verschlossen. Die Mutter kam nicht mehr an sie heran, dachte aber, das sei mit Beginn der Pubertät normal.

Als auch Corinnas Noten schlechter wurden, sie den Klavierunterricht aufgab und morgens immer öfter mit Bauch- und Kopfschmerzen im Bett liegen blieb, waren die Eltern besorgt. Kein Ton war aus ihrer Tochter herauszubekommen, und so baten sie Jonas, Corinnas Lieblingsbruder, um Hilfe. Er war vierzehn Jahre älter als seine Schwester und lebte inzwischen im Ausland. In den Sommerferien kam er, schwamm mit Corinna im Pool, spielte mit ihr Tischtennis und Scrabble und ging mit ihr im Wald spazieren. Allmählich bekam er heraus, worunter sie litt. Aus den vielen Likes waren Dislikes geworden, unter die Follower hatten sich Trolle gemischt, die sich über ihr Äußeres lustig machten. Unbekannte, irgendwelche Spinner und Neider aus dem Netz, dachte sie, doch dann hatte sie auch in der Klasse die Ablehnung gespürt. Zettel klebten an ihrem Federmäppchen, anonyme Nachrichten kamen auf ihr Smartphone, »Fettarsch«, »höheres Töchterchen«, »Flittchen«. Sie wurde geschnitten, verleumdet, nicht

100

mehr zu Partys eingeladen, aus dem Klassenchat geworfen. Sie hatte keine Freundinnen mehr und traute sich kaum mehr in die Schule.

Die Eltern redeten mit der Direktorin, die die Vorfälle als »bedauerlich, aber leider nicht ungewöhnlich« abtat. Der Vater verlor die Fassung, worauf die Schulleiterin kalt erwiderte: »Mobbingopfer bringen für gewöhnlich Probleme aus dem Elternhaus mit.« Corinnas Eltern beschlossen, ihre Tochter auf eine andere Schule, in einem anderen Viertel zu schicken.

Das Mädchen blühte wieder auf. Es nahm sogar wieder Klavierstunden, und nach einem Monat hatte sie eine neue »beste Freundin« in der Klasse. Sie hieß Silvie und besuchte Corinna häufig. Die Eltern mochten sie auf Anhieb und machten ihr teure Geschenke.

Doch dann, es war bereits Oktober, die Tage frisch und die Rosen verblüht, kam Corinna aus der Schule und stocherte schweigend in ihrem Essen.

»Was ist los?«, fragte die Mutter.

Jetzt bloß nicht heulen, dachte Corinna, stand auf und lief in ihr Zimmer. Jemand hatte ein Foto von ihr in die Whats-App-Gruppe ihrer neuen Klasse geschickt. Und plötzlich war alles wieder da. Es war ein Foto von ihrer Geburtstagsparty, man sah sie im Pool schwimmen, und darunter stand »Fettarsch«, wie auf dem Zettel, den man Corinna damals ins Federmäppchen gesteckt hatte. Dabei hatte sie nicht nur die Schule gewechselt, sondern auch die Telefonnummer. Und bei der Party damals waren nur Schüler aus der alten Schule gewesen. Wie konnten die ehemaligen Mitschüler in die Whats-App-Gruppe ihrer neuen Klasse gelangt sein? Oder kam die Nachricht von jemand anderem? Hatten ihre neuen Kameraden herausgefunden, warum sie die Schule gewechselt hatte? Sie lag auf ihrem Bett, versuchte nachzudenken, wollte den

Computer anschalten, um Nachforschungen anzustellen, was ihr gleichzeitig aber noch mehr Angst machte. Wer auch immer der Absender des Fotos war – vielleicht hatte er es schon auf Twitter oder Instagram gepostet. Sie musste etwas tun, aber was? Wenn sie den Absender blockierte, dann würde er sich rächen, mit einem neuen Account und mit noch mehr Bildern. Nirgendwohin konnte sie sich flüchten, niemand konnte ihr helfen. Wenn sie etwas erzählte, würde ihr Vater toben, und ihre Eltern würden sich fragen, was mit ihr nicht stimmte. Ja, was stimmte nicht mit ihr? Sie sah ihr Spiegelbild auf dem Bildschirm. Ihre Nase wirkte zu breit, die Beine stämmig. Eklig. Selbst ihr Körper fühlte sich fremd und kalt an. Klar, dass niemand sie mochte. Niemand außer Silvie. Sie wählte ihre Nummer. »Hast du das Foto gesehen?«, fragte Corinna.

»Welches Foto?« Silvies Stimme klang lässig.

»Warst du nicht auf WhatsApp?«

»Nein.«

Corinna erzählte ihr alles, jede Einzelheit, wie sie anfangs von den Jungs angehimmelt wurde, die Mädchen sie dann isolierten. Silvie hörte zu und fühlte mit. Corinna redete und redete, und allmählich fühlte sie sich besser. Als sie auflegte, hatte sich etwas in ihr gelöst. Aber dann tauchte vor ihrem inneren Auge wieder dieses eine Wort auf: »Fettarsch«. Man kann auf WhatsApp sehen, welche Teilnehmer das Foto aufgerufen haben. Sie scrollte durch die Namen. Bis sie auf Silvie stieß. Silvie? »11.25 Uhr« stand da. Noch während des Unterrichts! Sie hatte also gelogen. Warum? Und plötzlich verstand sie. Corinna wurde schlecht, sie spürte die Woge. Sie rief ihr Facebook-Profil auf, sah sich ihren Instagram-Account an, überall standen Schmähungen, Verleumdungen und Beschimpfungen. Gab es denn keine andere Stimme? Niemanden, der sich auf Corinnas Seite stellte? Sie wusste, dass es niemanden gab, und suchte doch immer weiter. Wie mussten Silvie und die anderen jetzt hinter ihrem Rücken lachen! Und wer weiß, was sie gerade im Netz hochluden! Sicher hatten sie die Schüler der alten Klasse kontaktiert und tauschten jetzt Material aus. Corinna wollte ihre Accounts und Profile löschen, wagte aber nicht mehr, den Rechner aufzuklappen. Es war vorbei. Sie lief ins Badezimmer. Egal wie oft sie die Schule wechselte, wohin sie sich auch verkroch … Es würde immer wieder von vorne losgehen. Sie schloss die Tür von innen ab und öffnete den Medikamentenschrank.

Ein Hundehalter fand sie am nächsten Morgen im Wald. Corinna lag in einem Gebüsch, bewusstlos, alkoholisiert. Sie wurde auf die Intensivstation eingeliefert, der Magen ausgepumpt. Die Polizei beschlagnahmte Handy und Computer und sprach mit den Lehrern. Corinnas Klassenlehrerin, Frau Meyer-Leonhardt, wusste, was es hieß, von den anderen gehänselt und gedemütigt zu werden. Sie hatte von klein auf unter Kinderlähmung gelitten, musste sich täglich mit Schwimmtraining und Krankengymnastik schinden. Wenn sie auf den Schulhof kam, nannten die anderen sie »Spasti«. Frau Meyer-Leonhardt ließ sich die Hasskommentare von der Polizei geben und sagte zu der Klasse: »Wir machen heute einmal etwas anderes in der Deutschstunde. Facebook und WhatsApp.«

Die Schüler sahen sie misstrauisch an. Die Lehrerin ließ Fotokopien verteilen. Sie hatte auf jedes Blatt nur einen Satz geschrieben. Einen Satz aus dem Shitstorm gegen Corinna. Dann rief sie einen Schüler nach vorne. »Marc, setz dich bitte neben mich, schau mich an und lies vor.«

Der Junge zögerte, wagte aber nicht zu protestieren. Seine Stimme stockte beim Lesen, er konnte kaum aufblicken. »Jetzt wiederhole es bitte noch einmal und schau dabei deinen Kameraden in die Augen.«

Einer nach dem anderen kam an die Reihe. Je länger die Übung dauerte, desto verstörter wurden die Mienen. Einige stöhnten, und als die Schulglocke läutete, war es für alle eine Erlösung.

Drei Wochen später kam Corinna zum ersten Mal wieder in die Schule. Niemand wagte, sich ihr zu nähern. Aber die Lehrerin hatte das Mädchen darauf vorbereitet. »Sie schämen sich. Sie werden dich in Ruhe lassen, und irgendwann, wenn du magst, kannst du hoffentlich wieder Freunde finden.«

Nach einer Woche hatte sich die Lage nicht gebessert. Da forderte Frau Meyer-Leonhardt die Klasse auf, über ihre Gefühle zu sprechen. »Wollen Sie uns weiter demütigen?«, fragte Marc.

»Indem du über deine Gefühle sprichst?«, fragte die Lehrerin zurück.

»Dieser Mist stammt nicht von mir.«

»Wieso setzt er dir dann zu?«

»Das ist Psychoterror«, schrie Marc. »Ich werde mich bei der Schulleitung beschweren.«

Er ging aus dem Klassenzimmer, Frau Meyer-Leonhardt setzte den Unterricht fort.

»Ich verlange von niemandem, dass er sich bei Corinna entschuldigt. Ich will nur, dass jeder zu ihr hingeht, ihr die Hand drückt, so wie man das aus Höflichkeit macht, und ihr dabei in die Augen sieht.«

Ein Schüler nach dem anderen stand auf, vor allem die Jungs machten Faxen, versuchten, die Sache ins Lächerliche zu ziehen, aber als sie Corinnas Hand hielten, wurden sie unsicher und ernst.

Es gibt, wie gesagt, für uns keinen größeren Stress, keinen größeren psychischen Schmerz als das Ausgestoßensein aus der

104

Gemeinschaft. Wie in bestimmten Voodoo-Praktiken beobachtet, kann dies gar zum Tod des Ausgegrenzten führen.

In der Pubertät, in der Phase also, in der die Identität des Menschen brüchig wird, sein Selbstbild stark von Idolen, der Clique, dem, was unter Gleichaltrigen angesagt ist, abhängt, werden der Freundeskreis und die Akzeptanz in ihm existenziell. Die Eltern verlieren ihre Bedeutung als Werte- und Schutzinstanz. Der vordere cinguläre Kortex, in dem soziale Konflikte und das Leid, sich ausgeschlossen zu fühlen, verarbeitet werden, ist bei Pubertierenden besonders aktiv. Gleichzeitig scheint die Empathiefähigkeit in dieser Phase geringer zu sein. Kurz: Man wird zwar besonders dünnhäutig, aber nur bei sich selbst. Man wird sozusagen zur giftigen Mimose. Daraus entsteht eine explosive Mischung, die aber, wie in unserer Geschichte gesehen, durch kluge Pädagogen auch entschärft werden kann. Das Gehirn der Jugendlichen wird in diesem Lebensabschnitt noch einmal umgestaltet, Synapsen gelöst, neue gebildet. Und in diesem Umformungsprozess kann man Erfahrungen einschreiben, die für die Persönlichkeitsentwicklung fundamental sind.

Das Internet ist zwar eine wichtige Spielwiese, um Identitäten auszuprobieren, sexuelle Neugier zu befriedigen, sich mit virtuellen Erfahrungen in fremde Welten vorzutasten, gleichzeitig ist es aber auch besonders gefährlich, weil die Anonymität Empathie mit den Opfern weitgehend ausschaltet. Schon in den späten Sechzigerjahren hat Philip Zimbardo nachgewiesen, dass ein Laborkittel und eine Haube als »Verkleidung« genügen, und schon sind Menschen eher bereit, anderen harte Stromstöße zu versetzen, als wenn sie weniger anonym in der eigenen Kleidung in Erscheinung treten. Dabei war völlig egal ob man ihnen zuvor die Opfer als nett oder als unsympathisch beschrieben hatte. Die kluge Lehrerin hat den Schülern die Anonymität genommen, durch die einfache Übung, sie vor der Klasse dieselben Wörter und Sätze aussprechen zu lassen, die man in der Schutzzone des World Wide Web gedanken- und gefühllos von sich gegeben hatte.

Empathie ist trainierbar. Sie funktioniert über die sogenannten Spiegelneurone. In unserem Gehirn feuern ganz unterschiedliche Neurone, wenn wir zum Beispiel eine Tasse Tee an die Lippen führen oder wenn wir eine traurige Nachricht erhalten. Für jede motorische oder seelische Regung sind klar definierte Netze von Neuronen zuständig. Das Erstaunliche: Genau diese Neurone feuern auch, wenn nicht wir, sondern ein anderer Mensch, den wir beobachten, eine Tasse Tee an die Lippen führt oder Schmerz empfindet, deshalb nennt man sie »Spiegelneurone«. Unsere Empathie entwickelt sich durch den engen Kontakt mit anderen, dadurch lernen wir neue Fertigkeiten, wir lernen, die anderen zu verstehen, ihre Gefühle zu deuten. Voraussetzung ist allerdings das Miteinander, die Resonanz, die der anonyme Raum des Internets nicht bietet. Wir sehen dort nicht, wie unsere Worte auf den anderen wirken, wir spüren seinen Herzschlag nicht, ob er rot wird, sich freut, wir nehmen seinen Angstschweiß nicht wahr. Wir lernen die komplexe Navigation durch die Gefühlswelten nicht, wenn wir nur eine Flaschenpost oder unseren seelischen Müll über Bord werfen.

Sollen Lehrer dafür Anleitungen liefern, dann braucht es Zeit und Einfühlungsvermögen, vor allem müsste der Umgang mit sozialen Medien auf den Lehrplänen stehen oder Freiraum lassen für das, was man früher Herzensbildung nannte. Die allgemeine Verrohung, die viele in unserer Gesellschaft beobachten und die teilweise auch durch Statistiken belegt ist (so sind innerhalb von zehn Jahren Gewaltdelikte und Übergriffe an Berliner Schulen um 69 Prozent gestiegen), beweist,

106

dass Empathie und Zusammenhalt schwinden und damit die Einsamkeit auch unter ganz jungen Menschen wächst. Wir werden den Jugendlichen Smartphones und Computer nicht wegnehmen. Warum auch? Sie können Hilfsmittel der Information und Kommunikation sein. In der Pubertät ist man aber noch anfälliger dafür, dass die Nutzung einen Suchtcharakter bekommt, denn bei Jugendlichen springt das Belohnungszentrum im Gehirn bei einem Handysignal mit solcher Vehemenz an, dass sie den Zwang verspüren, die Nachricht zu lesen. »98-mal am Tag schalten Kinder und Jugendliche unter achtzehn Jahren das Display ihres Smartphones ein«[15], aber wir Eltern sind nicht viel »besser«, wir tun es »88-mal«[16].

Die Distanz, die durch digitale Medien verschleiert wird, muss durch den analogen Umgang mit dem Nächsten aufgefangen werden. Augenkontakt, Berührung, Zuhören, Sich-anderen-Öffnen, Anvertrauen, das sind Fähigkeiten, die sicher zuerst in der Familie geschult werden müssen, in der Klasse aber, bei entsprechender Sensibilität der Lehrer und Kultusminister, eine Fortsetzung finden können.

»Untersuchungen zeigen, dass Angst, Anspannung und Stress die Signalrate der Spiegelneurone massiv reduzieren. Sobald Angst und Druck erzeugt werden, klinkt sich alles, was vom System der Spiegelneurone abhängt, aus: das Vermögen, sich einzufühlen, andere zu verstehen und Feinheiten wahrzunehmen. (…) wo Angst und Druck herrschen, (nimmt) eine weitere Fähigkeit ab, die von der Arbeit der Spiegelneurone lebt: die Fähigkeit zu lernen.«[17]

Wenn wir unsere Kinder vor der schmerzlichen Erfahrung der Einsamkeit schützen und eine Epidemie der Einsamkeit in der Zukunft verhindern wollen, müssen wir in die Herzensbildung der Kinder investieren und ihnen mehr Möglichkeiten geben, sich im Miteinander mit anderen zu erfahren.

Mobbing hat, gerade bei Kindern, verheerende Folgen. Denn auch im späteren Erwachsenenleben haben die Opfer »häufig Schwierigkeiten, neue Freundschaften zu schließen und sich auf fremde Personen richtig einzulassen. Einer Studie zufolge gilt dies für 73 Prozent der ehemaligen Mobbingopfer.«[18] Mobbing generiert also nicht nur kurz-, sondern auch langfristig Einsamkeit in unserer Gesellschaft.

Jeder von uns ist im Kampf gegen Mobbing gefragt, egal ob wir Opfer oder Zeuge sind. Egal ob in der Schule, im Sportverein oder am Arbeitsplatz. Die Übergänge von harmlosen Späßen zu Hänseleien und Demütigungen sind oft fließend. Sobald wir merken, dass jemand wiederholt zur Zielscheibe wird, sollten wir einschreiten. Wir wissen nicht, wie lustig ein Betroffener bestimmte Scherze und Provokationen findet. Oft schweigt dieser oder ringt sich ein gequältes Lächeln ab, um seine Verletztheit oder vermeintliche Schwäche nicht zu zeigen, um nicht zum Opfer zu werden – und wird gerade dadurch zum Opfer. Denn wer wehrlos erscheint, gerät besonders leicht in die Mobbingfalle. Ein geringes Selbstwertgefühl, Schüchternheit, hohe Sensibilität und eine geringe Aggressivität sind Eigenschaften, die leicht zur Viktimisierung führen[19].

Solomon Asch hatte an dem eingangs beschriebenen Experiment ein besonderes Interesse. Als Überlebender des Holocaust wollte er klären, wie es dazu hatte kommen können, dass ein ganzes Volk sich einem Diktator und seinem Unrechtsregime unterwarf. Er wollte untersuchen, wie Mitläufertum funktioniert, warum jemand seinen gesunden Menschenverstand ausschaltet, um sich der Meute anzupassen, selbst wenn diese objektiv im Unrecht ist. Unsere Sehnsucht, zur Gruppe zu gehören, ist so groß, dass wir angepasst und feige werden können, dass wir sogar das Falsche »sehen«. Es erfordert viel Zivilcourage, sich gegen die Gruppe zu stellen, vor allem, wenn erst einmal eine klare Front gezogen ist. Deshalb ist es so wichtig, in Frühphasen von Mobbing einzuschreiten, sich mit dem Betroffenen zu solidarisieren, ihn mit einer Bemerkung gegen vermeintlich witzige Provokationen zu verteidigen oder, falls man die Öffentlichkeit fürchtet, ihn im Zwiegespräch zu stützen. Es erfordert auch viel Mut, die eigene Feigheit einzugestehen, dem anderen zu sagen: »Du, ich traue mich vor den anderen nicht, aber ich bin auf deiner Seite, ich mag dich, ich unterstütze die Gemeinheiten der anderen nicht.« Wie gesagt, ein einzelner Verbündeter kann genügen, um einem das Rückgrat zu stärken.

Was mich damals an der Bushaltestelle besonders erschütterte, war, dass mein bester Freund reglos danebenstand. Die beiden Brüder schlugen mich, und er schaute zu. Heute weiß ich, dass er Angst hatte, sich gegen die Schläger zu stellen, und weil er sich für seinen Verrat schämte, wagte er anschließend nicht, mir in die Augen zu sehen. Aber während ich hilflos am Boden lag, hielt ich sein Desinteresse als ein Zeichen dafür, dass ich es »nicht besser verdient« hatte.

4. Weg

Üben Sie sich in Mitgefühl

Haben Sie das Gefühl, andere Menschen haben kein Verständnis für Sie? Ist Ihnen das Verhalten der Mitmenschen ein Rätsel? Irgendwie fremd oder gar bedrohlich?
Echte Bindung bedeutet, dass man einander als Mensch annimmt. Aber dazu müssen wir erst einmal uns selbst akzep-

tieren. Vielleicht neigen Sie dazu, Anteile Ihrer Persönlichkeit zu verleugnen. Weil sie unangenehm sind oder Ihnen Angst machen. Dann zeigen wir uns zu wenig. Und erkennen wir ähnliche Züge bei anderen, können wir auch damit nicht gut umgehen.

Unsere emotionale Intelligenz kann sich ständig weiterentwickeln. Wir trainieren Empathie, wenn wir im engen Kontakt zu anderen sind, uns öffnen, nachfragen und mitteilen. Dieses Vertrauen in Menschen muss wachsen. Wenn wir aus der Übung sind, geht das Miteinander nur langsam und behutsam.

Seien Sie immer dankbar, wenn der andere aufrichtig seine Emotionen mitteilt, machen Sie sich nie lustig, schon gar nicht durch Ironie. Vor allem nicht bei Ihren Kindern. Verurteilen Sie nicht den Geschmack anderer, auch Kitsch verrät viel über unsere Emotionen und Sehnsüchte.

Die virtuelle Welt erscheint da auf den ersten Blick attraktiv, die Begegnung wirkt zunächst weniger bedrohlich. Tatsächlich aber ist der virtuelle Kontakt meist oberflächlich, und gerade die als schützend empfundene Anonymität kann zu Manipulation und Missbrauch führen. Wir müssen das Miteinander in der »analogen« Welt suchen und finden.

Überdenken Sie Ihren Umgang mit den sozialen Medien, seien Sie Ihren Kindern ein Vorbild, geben Sie ihnen Regeln vor und hüten Sie sich vor den Urteilen anderer. Sie helfen uns manchmal, etwas über uns selbst zu begreifen, aber vergessen Sie nicht: Liken ist nicht lieben.

Schützen Sie sich und Ihre Kinder vor dem Müll im Netz. So bewusst wie unseren Körper sollten wir auch unseren Geist nähren. Jede Wahrnehmung hinterlässt eine Spur in uns. Jede Beleidigung, auch von einem Troll, setzt uns zu, erschüttert unser Selbstwertgefühl.

Sollten Sie Opfer von Mobbing werden, dann müssen Sie sich unbedingt jemandem anvertrauen und Hilfe holen, bei Freunden, einem Anwalt, einer Beratungsstelle usw. Sollten Sie Zeuge sein, dann stützen Sie das Opfer (auch im Zwiegespräch), wenden Sie sich an Vorgesetzte, bringen Sie Übergriffe zur Anzeige. Mobbing ist strafbar! Als Eltern sollten Sie misstrauisch werden, wenn Ihr Kind sich verändert, nicht mehr in die Schule gehen will, häufig Kopf- oder Bauchschmerzen hat, ein auffälliges Ess- und Internetverhalten an den Tag legt. Dies können Warnzeichen für Mobbing sein! Suchen Sie auf jede erdenkliche Weise Zugang zu Ihrem Kind, stützen Sie es, ohne Druck aufzubauen.

5. Weg
Trauen Sie sich, Grenzen zu ziehen

Einsamkeit und Partnerschaft

In unsern Kreisen heiraten die Menschen, ohne in
der Ehe etwas anderes zu sehen als eine Paarung,
aus der dann Betrug oder Gewalttätigkeiten
entstehen. Wenn es beim Betrug bleibt, lässt es sich
leichter ertragen. Die Eheleute brauchen einander
dabei nur vorzutäuschen, dass sie sich gegenseitig
die Treue halten, während sie tatsächlich in
Polygamie leben. Das ist verwerflich, geht indessen
noch an. Wenn dagegen ein Mann und eine Frau,
die äußerlich die Verpflichtung übernommen
haben, das ganze Leben gemeinsam zu verbringen,
schon im zweiten Monat nur noch Hass
gegeneinander empfinden, sich trennen wollen,
aber dennoch zusammenbleiben, dann entsteht
daraus jene furchtbare Hölle, in der man dem
Trunk verfällt, zum Duell greift, sich gegenseitig
das Leben vergiftet und einer den andern tötet!

Leo Tolstoi, »Die Kreutzersonate«

115

Das Theater

Susanne war aufgeregt. Der Brief kam von einem renommierten Berliner Theater, wo sie sich für ein Vorsprechen beworben hatte. »Wir freuen uns, Ihnen mitteilen zu dürfen …« Da war sie also, ihre Chance. Nach sieben langen Jahren. Nachdem ihre Schauspielkarriere einst so vielversprechend angefangen hatte an einem kleinen Provinztheater. Familiäre Atmosphäre, Bernd, ein junger, aufstrebender Regisseur, der in Susanne schnell ein besonderes Talent erkannte, sie zu seiner Standardbesetzung und Muse auserkor. Die Inszenierungen machten Furore, Susanne wurde zum ersten Mal schwanger. Sie heirateten, und dann änderte sich alles.

Am Abend, Susanne hatte Bernds Lieblingsessen gekocht, und er saß schweigsam und mürrisch am Tisch, erzählte sie ihm, dass sie eine Einladung zu einem Vorsprechen erhalten habe. »Das Gorki, ist das nicht großartig?«

»Ja, sicher …« Er wiegte den Kopf hin und her. »Die Intendantin dort ist auf dem absteigenden Ast. Kein Wunder, dass sie schon in der Provinz nach Schauspielerinnen suchen muss.«

Susanne spürte einen Stich im Bauch. Aber sie war entschlossen. Sie hatte schon viel zu lange nicht gespielt. »Dienstagnachmittag passt gut, da hast du keine Proben.«

»Du weißt ja nicht, was bei uns los ist. Wir schaffen das nie bis zur Premiere, wenn ich keine Sonderproben ansetze.«

»Muss ja nicht am Dienstag sein. Freu dich doch ein bisschen für mich.«

Er griff nach ihrer Hand. »Natürlich freue ich mich. Ich habe nur Angst, dass es in einer Enttäuschung enden könnte.«

»Warum?«

»Nun, dein Talent, das will ich nicht unbedingt infrage stellen. Aber du hast ein bisschen den Anschluss verpasst.«

116

Bernd hatte sie vor einem Jahr, auf ihr Drängen hin, für eine Nebenrolle besetzt. Ein Fiasko. Susanne war bei den Proben oft übermüdet, unkonzentriert, und Bernds heftige Kritik nahm ihr den letzten Rest an Natürlichkeit. Am Ende hatte er sie umbesetzt. Seitdem zweifelte Susanne nicht nur an ihrem Können, sondern auch an ihrem Talent. Wenn ich erst einmal Mitte dreißig bin, dann ist der Zug sowieso abgefahren, dachte sie. Dann gibt es für mich kaum noch Rollen.

Die Woche verging. Susanne arbeitete hart. Sie studierte drei Monologe ein, probte allein auf der Studiobühne. Zufrieden war sie nicht. Aber sie wollte Bernd nicht um Rat fragen. Und Britta, ihre beste Freundin? Das Verhältnis zu ihr war ebenfalls belastet. Eigentlich war es Britta gewesen, die sie einst zu diesem Theater in der Provinz gelotst hatte. Susanne hatte damals in Berlin, nach der Schauspielschule, als Kellnerin gejobbt. Britta war schon im Ensemble, in dem man noch eine junge weibliche Darstellerin suchte. Die Freundin hatte Susanne anfangs viel Sicherheit gegeben. Doch dann war die Neue zum Liebling des Starregisseurs und zu seiner Geliebten und Ehefrau aufgestiegen. Und der Neid hatte einen Keil zwischen sie und den Rest des Ensembles getrieben. Auch bei Britta. Sie ausgerechnet jetzt um Hilfe zu bitten – das hätte sehr egoistisch gewirkt.

Am Vorabend des Termins bat sie Bernd dann doch, sich einen Monolog anzuhören. Er schüttelte den Kopf. »Susanne, ich will dich nicht verletzen.« In ihrem Bauch zog es wieder. Sie war keine Schauspielerin mehr, hatte alles verlernt. Aber warum? Warum war sie vor Jahren ein Talent gewesen? Und jetzt nicht mehr? Was war in diesen Jahren passiert? Bernd hatte seine Karriere eisern weitergeführt, sie hatte verzichtet. Das war passiert. »Ich werde trotzdem fahren«, sagte sie.

»Mach, was du für richtig hältst. Aber die Kinder kann ich nicht übernehmen.«

»Wieso?«

»Wir mussten die Freitagsprobe ausfallen lassen, weil der Hauptdarsteller noch auf einem Dreh war. Morgen ist der einzige Ersatztermin.«

Susanne war einen Moment sprachlos. »Dann werde ich Britta fragen, ob sie auf die Kinder aufpasst.«

»Britta brauche ich bei der Probe.«

»Aber sie spielt in dem Stück doch gar nicht mit.«

»Kerstin ist krank. Ich brauche Britta als Ersatz.«

»Nimm jemand anderen.«

»Wen denn?«

Susanne war auf einmal wild entschlossen, koste es, was es wolle. »Du musst eine Lösung finden. Du bist der Chef des Ensembles.«

Bernd winkte ab, sie rief Britta an. Diese wirkte erfreut. Susanne war guter Dinge. Ihr Leben konnte eine andere Wendung nehmen. Nächstes Jahr kam Kilian in die Schule, Paula in den Kindergarten, und dann hatte sie wieder genug Freiraum, um zu arbeiten.

Der Dienstag kam. Susanne nahm die Autoschlüssel und wollte sich gerade verabschieden, als Bernd fragte: »Wo willst du hin?«

»Nach Berlin.«

»Was?« Bernds Stimme nahm ein gewaltiges Volumen an.

»Ich dachte, das hätte ich deutlich …«

»Wann?«

Susanne versuchte, sich an die Details des letzten Gesprächs zu erinnern.

»Wie auch immer, das geht nicht«, schnitt er ihre Gedanken ab.

118

»Du brauchst Britta nicht als Ersatz, Kerstin geht es wieder gut.«

Bernd wurde plötzlich knallrot im Gesicht. Er bekam in letzter Zeit immer häufiger Tobsuchtsanfälle. Sein provokanter Stil nervte allmählich die Presse, das Publikum, die Bühnentechnik und jüngst auch die Schauspieler. »Du sprichst dich hinter meinem Rücken mit meinem Ensemble ab?«

»Der Probenplan hängt unten im Foyer.«

»Du weißt doch gar nicht, was ich alles zu improvisieren habe. Was bist du für eine rücksichtslose Egoistin! Wegen so einer Schnapsidee machst du eine ganze Produktion kaputt?«

»Es ist das Gorki.«

»Sie nehmen dich eh nicht.«

»Dann brauchst du dir ja auch keine Sorgen zu machen.«

»Und du musst nicht fahren, in so einer heiklen Phase.«

»Für dich ist immer heikle Phase. Ich habe alles organisiert.«

»Willst du vielleicht in Berlin ein Engagement annehmen und uns hier hocken lassen?

»Du hast doch gesagt, ich werde nicht genommen. Zudem kann man von hier gut nach Berlin pendeln.«

Sie bemerkte, wie eindringlich die Kinder sie anschauten.

In Susanne rebellierte plötzlich etwas. Sie nahm ihren Mantel und gab ihren Kindern einen Kuss auf die Stirn. »Mama ist heute Abend nicht da. Britta wird euch ins Bett bringen, und wenn ihr morgen früh aufwacht, frühstücken wir zusammen Blaubeerpfannkuchen.«

Sie verabschiedete sich und schaute Bernd flüchtig in die Augen. Er ließ sich auf einen Stuhl fallen, hatte plötzlich Schweiß auf der Stirn und fing an zu stöhnen.

»Was hast du?«, fragte Susanne.

»Mach dir keine Sorgen. Das geht gleich vorüber.«

119

»Was?«

»Das Stechen.« Bernd deutete auf die Stelle, wo der Blinddarm saß.

»Versuch mal, das Bein zu heben.«

Bernd sank mit einem Schrei auf den Stuhl zurück. »Es … es geht nicht …«, stammelte er. Die Kinder weinten.

Susanne rief den Notarzt.

Als es klingelte, lag Bernd stöhnend auf der Couch, die Kinder klammerten sich an Susannes Beine und fragten: »Was ist mit Papa? Ist er schlimm krank?«

»Der Arzt ist doch schon da. Er macht Papa wieder gesund.«

Aber vor der Tür stand nicht der Notarzt, sondern Britta. Susanne erklärte ihr, dass sie wieder gehen könne. »Wir warten auf den Notarzt. Bernd hatte einen Zusammenbruch.«

»Natürlich«, sagte Britta. »Das war ja zu erwarten.«

»Was meinst du damit?«, fragte Susanne überrascht. Was wusste Britta schon von Bernds Zustand?

»Eine Beziehung ist die beste Heilerin, die wir kennen«[20], schreibt der Hamburger Paarpsychologe und Autor Oskar Holzberg. Das gilt jedoch nicht immer. Sie kann auch der Weg in Deformation, Missbrauch und Untergang sein. Manche Beziehungen sind das reine Gift. Sie sind nicht zu retten, nicht zu korrigieren, nicht verwandelbar in eine bittere, aber nutzbringende Medizin. Sie führen direkt in die Einsamkeit. Wir sind einsam *in* der toxischen Beziehung, und sie schneidet uns auch von allen anderen Beziehungen ab.

Aber wie sollen wir nur schwierige Beziehungen von giftigen unterscheiden? Wann können wir sicher sein, dass eine Beziehung uns schadet? Und wenn wir die Antwort gefunden haben – wie schaffen wir es, die Beziehung zu beenden? Denn jede Trennung ist mit Schmerz verbunden. Jede. Selbst

120

der Ausstieg aus einer Missbrauchsbeziehung erfordert einen enormen emotionalen Aufwand und die Überwindung gewaltiger Widerstände inklusive anschließender Trauerarbeit. Zudem wird der Missbrauchende sein Opfer mit allen Mitteln halten wollen und sämtliche Register der Verführung, subtilen Bedrohung, Einschüchterung und Konditionierung nutzen. Der Ausstieg aus einer Missbrauchsbeziehung ist wie der Drogenentzug. Aber zurück zu der Frage, woran man toxische Beziehungen, die uns einsam machen, erkennen kann?

Es gibt Gifte, die schleichend wirken. So ist es auch in Beziehungen, man erkennt es oft zu spät, an Langzeitentwicklungen. Hat sich nach und nach ein Ungleichgewicht in der Partnerschaft entwickelt? Geht es mindestens einem von beiden deutlich schlechter als zu Beginn der Beziehung? Unser Wohlbefinden ist ein wichtiger Indikator. Lassen Sie sich Ihre Gefühle nicht ausreden. Auch nicht von Ihrem Über-Ich. Wenn wir uns in einer Beziehung mies, eingeengt, unverstanden, einsam fühlen und dieses Gefühl über einen längeren Zeitraum immer intensiver wird, dann müssen wir misstrauisch werden. Unsere Rechtfertigungen für diesen Zustand werden irgendwann nebensächlich (»Na ja, ich war in letzter Zeit selbst ziemlich gestresst«, »Ich bin nicht wirklich auf ihn/sie eingegangen, kein Wunder, dass er enttäuscht ist«, »Er/sie hat recht: Ich bin unorganisiert, trinke zu viel, verdiene zu wenig, bin unattraktiv geworden«). Sollten die Erklärungen für den tristen Zustand mit Abwertungen unserer Person verbunden sein, ist das ein weiterer Indikator für eine Missbrauchsbeziehung.

Eine gesunde Beziehung beruht auf Liebe und Verständigung. Sie ist dynamisch. Das bedeutet, dass man am anderen immer wieder neue Facetten kennenlernt, eigene Gefühle und Bedürfnisse offenbart, dass Verhaltensmuster sich ändern, Rollen immer wieder neu »besetzt«, Kompromisse ausgelo-

121

tet werden müssen. Ein Kind kommt auf die Welt. Wie werden die neuen Aufgaben verteilt? Beide Partner bekommen ein Jobangebot in einer anderen Stadt. Wer setzt sich durch? Wenn bei jedem neuen Problem grundsätzlich einer das Nachsehen hat und auch Verhandlungen darüber zu nichts führen, dann ist eine Beziehung in Schieflage. Helfen weder Streit noch Streik noch die Androhung von Konsequenzen, dann hat man es vielleicht mit einem Menschen zu tun, der zu Partnerschaft nicht fähig ist. Liebe enthält, laut Erich Fromm, folgende Grundelemente: *Fürsorge, Verantwortungsgefühl, Achtung vor dem anderen* und *Erkenntnis*.[21] Fehlt eines dieser Elemente, und ist unser Partner nicht bereit oder fähig, sie zu entwickeln, dann ist er nicht liebes- bzw. beziehungsfähig.

Ein Beispiel für diese Unfähigkeit stellt der pathologische Narzisst dar. Ein Narzisst in Reinkultur ist nicht zu korrigieren. Er ist furchtbar einsam, aber wir können ihn aus dieser Einsamkeit nicht befreien, das kann nur er selbst tun. Wenn wir an den Stäben zu seinem Gefängnis rütteln, zerstört er uns. Er zerstört uns auch, wenn wir nicht daran rütteln.

Deshalb gibt es nur eine Lösung: Flucht. Hingabe, ja selbst Kampf, ist aussichtslos. Die Bindung an einen Narzissten ist immer destruktiv, es ist eine krankhafte Bindung, weil er selbst krank ist und nichts anderes akzeptiert.

Narzissten sind schwer zu enttarnen, denn sie sind Meister der Verstellung. Sie benutzen eine Unzahl von Masken, um ihren Willen durchzusetzen und ihr wahres Gesicht zu verstecken. Sie blasen sich auf, um einem die Sicht zu verstellen, sie zünden Nebelkerzen, erwischen einen immer auf dem falschen Fuß. Sie spielen virtuos auf der Klaviatur der Manipulation, nutzen Schmeicheleien, unterschwellige Drohungen, sie poltern und jammern. Sie wirken so authentisch in ihrer Larmoyanz und Verzweiflung, weil sie selbst daran glauben.

122

Jeder Mensch spielt manchmal mit Masken, der Narzisst jedoch nimmt sie niemals ab, nicht einmal vor dem Partner, nicht einmal vor sich selbst.

Er braucht den anderen nur, um sein Welt- und Selbstbild zu stabilisieren, und in diesem Bild ist er der Größte, der Einzige. Er hat keine echte Empathie, sondern stellt sie an und ab wie eine Klimaanlage. Er erspürt instinktiv unsere Schwachstellen, das können Stolz, Scham, Perfektionismus, Angst oder Mitleid sein, und dann setzt er dort den Hebel an. Er ist ein Meister darin, sich selbst als Opfer darzustellen, anderen ein schlechtes Gewissen einzureden. Auf Dauer saugt er einem die gesamte Energie ab, man wird wehrlos, während er immer größenwahnsinniger wird.

Doch nicht nur in Beziehungen mit pathologischen Persönlichkeiten kommt es zu Einsamkeit. Einsam fühlt sich jeder, der unverstanden, ausgegrenzt ist. Und das passiert zwischen zwei Menschen – selbst wenn sie einmal vertraut miteinander gewesen sind – sehr leicht. Manchmal ist Oberflächlichkeit schuld, manchmal Feigheit. Die Basis einer jeden tiefen Beziehung ist Vertrauen. Nicht umsonst nennt man eine Heirat Trauung. Und dieses Vertrauen ist ein ebenso kostbares wie fragiles Gut.

Das Geheimnis

Der Arzt schüttelte den Kopf und lächelte aufmunternd. Gernot schüttelte den Kopf und dachte: Was für eine Katastrophe!

»Lues spinalis, das heißt, mit Antibiotika kommen wir da gut gegen an«, sagte der Neurologe und deutete auf Gernots jüngste Befunde.

Lues spinalis bedeutete Syphilis, eine Geschlechtskrankheit. Es bedeutete, dass Gernot seine Frau einweihen musste, dass alles zusammenbrach, was er sich aufgebaut hatte. Sein Leben war gerettet – und gleichzeitig verloren.

»Kann ich wieder gesund werden?«

»Die degenerative Entwicklung können wir höchstwahrscheinlich stoppen. Und wenn Sie bei den Rehamaßnahmen Disziplin zeigen, werden Sie sich eine ordentliche Lebensqualität bewahren.«

Vor anderthalb Jahren war Gernot bei einer Bergwanderung seitlich weggeknickt. Er hatte das überspielt, aber dann waren die Ausfälle immer deutlicher geworden: Schwächezustände, Atem- und Schluckbeschwerden. Die Diagnosen schwankten: Erschöpfungssyndrom, Stoffwechselstörung. Gernot war auf Kur gewesen, in verschiedenen Kliniken, er war in seinen Job als Großhandelsvertreter zurückgekehrt, hatte aber der Belastung nicht mehr standgehalten. Ein Spezialist der Neurologie hatte schließlich die niederschmetternde Diagnose formuliert: Amyotrophe Lateralsklerose. Ein allmähliches Dahinsiechen, ein Leben im Rollstuhl wie Stephen Hawking, am Ende ein qualvoller Tod durch Ersticken. Und jetzt diese Wendung?

»Dass man das Nervenwasser nicht untersucht hat …«, der Arzt schüttelte wieder den Kopf, »ein gravierendes Versäumnis. Jetzt müssen wir sicherstellen, dass Ihre Frau gesund ist. Ich überlasse es Ihnen, Sie über Ihre Krankheit aufzuklären«, fügte er hinzu.

»Und?«, fragte Jutta auf dem Nachhauseweg.

Ein Wochenende in Berlin. Vor vier, fünf Jahren. Eine Fortbildung mit Kollegen, Kneipenbesuche am Abend, eine schummrige Tanzbar. Eine junge Frau, fast noch ein Mädchen, mit flachsblonden Zöpfen und einem klirrenden La-

124

chen. Er wusste nicht einmal mehr den Namen. Wie hatte er sie einfach ins Hotel mitnehmen können? Und wie hatte er das nur verdrängen können?

»Wieso musste er dich so dringend sprechen?«, fragte Jutta.

»Eine neue Behandlungsmethode.«

»Gefährlich?«

»Andere Medikamente. Damit wird man die Krankheit wohl doch stoppen können.«

Sie trat auf die Bremse, hinter ihnen wurde gehupt. »Das ist doch großartig!«

»Vielleicht sterbe ich nicht, sondern bleibe noch dreißig Jahre lang ein Krüppel.«

»Wir haben das bisher gemeinsam durchgestanden, und wir werden es jetzt erst recht schaffen.«

Für Gernot gab es in den nächsten Tagen nur einen Gedanken: Er musste alles beichten. Und das nahm der Beichte ihren Wert, er würde es ja nur gezwungenermaßen tun. Und wenn er jetzt nicht ganz aufrichtig war, würde er Jutta verlieren. Und wenn er aufrichtig war? Dann wohl ebenfalls. Vielleicht war die Krankheit schlichtweg die Strafe. Aber wieso mussten seine Frau und seine Kinder ebenfalls bestraft werden?

Sie half ihm mit dem Gymnastikball, beim Anziehen. Sie machte ihn wahnsinnig mit ihrer Fürsorge. Er schnauzte sie an. Sie überging es. Sie hatte dies alles ihm zuliebe ertragen.

»Ich muss dir etwas sagen«, begann Gernot am Abend darauf, als sie allein waren.

»Du hast mich angelogen?«

Er nickte.

»Die Diagnose hat sich verschlimmert, oder?«

»Die Diagnose war falsch. Ich habe etwas anderes ... Syphilis.«

»Ich verstehe nicht ...«, sie schüttelte den Kopf.

125

»Du musst dich ebenfalls untersuchen lassen … Es ist lange her. Ich hatte es vergessen.«

»*Was* hattest du vergessen?« Ihr Gesicht war knallrot geworden, sie schien die Worte mit den Händen abwehren zu wollen.

Aber er hatte nur diese eine Chance, er musste ihr jetzt die Wahrheit sagen, solange sie ihm noch zuhörte. »Es war damals in der Zeit, als du …«

»Als ich was?«

»Du wolltest von mir nichts mehr wissen. Immer wenn ich mich dir näherte … Wir hatten keinen Sex mehr.«

Sie sprang auf, nahm ein Glas und warf es an die Wand.

»Willst du mir jetzt erklären, dass das alles meine Schuld ist? Hast du nicht einen Funken Anstand im Leib? Du bist mit mir zur Paartherapie gedackelt, hast dir etwas aus den Fingern gesogen. Wir haben gemeinsam an unserer Beziehung *gearbeitet*. An welcher Beziehung, frage ich mich. Weißt du, wie mein Leben in den letzten Jahren ausgesehen hat? Ich behandle dich wie ein rohes Ei, arbeite für drei, ordne alle meine Interessen und Wünsche nur einem Ziel unter: dass es dir besser geht. Und das alles, weil du auf deinen Fortbildungsreisen herumgehurt hast …«

Gernot verzichtete darauf, etwas zu sagen. Wie auch? Jutta tobte. »Unsere Ehe war eine einzige Lüge«, schrie sie.

»War sie nicht«, konterte er nun doch.

»Und das Schlimmste ist: Einer von uns beiden hat das die ganze Zeit gewusst. Aber es war für ihn bequemer, mich als Mädchen für alles zu behalten, denn allein wärst du verreckt. Deshalb bist du bei mir geblieben. Aber damit ist es jetzt vorbei.«

»Ich werde jede deiner Entscheidungen respektieren«, sagte er leise.

126

»Du wirst ausziehen. Du wirst dich allein durchschlagen mit deiner Syphilis. Vielleicht findest du ja eine, die noch blöder ist als ich und die dich weiterpflegt.«

»Ich möchte nur, dass du eines weißt. Ich habe dich nicht wissentlich ausgenutzt. Ich wusste nicht, dass ich Syphilis habe. Und das war damals ein großer Fehler, den ich zutiefst bereue.«

»Du hattest ihn *vergessen*, wenn ich dich daran erinnern darf.«

»Ich möchte nur, dass du mir eines Tages verzeihst.«

Sie erstarrte. Dann sagte sie kalt: »Wie kann ich dir verzeihen? Ich weiß ja noch nicht einmal, was. Wie soll ich einem Menschen verzeihen, den ich nicht kenne?«

Die nächsten Tage waren unerträglich. Gernot und Jutta ignorierten einander, dann wieder ging sie auf ihn los, beschimpfte ihn, bestürmte ihn mit Fragen und Vorwürfen. Aber was sollte er entgegnen? Sie hatte ja recht. Wie hatte er so oberflächlich sein können? Nicht nur wegen des Seitensprungs, der war nur die Spitze des Eisbergs, es war sozusagen der Beweis dafür, dass er nicht ganz bei sich war. Und schon gar nicht bei ihr. Über zwanzig Jahre hatten sie nebeneinanderher gelebt, ohne sich wirklich für den anderen, ja vielleicht für sich selbst zu interessieren. Wie Kollegen hatten sie den Alltag bewerkstelligt, Kinder bekommen und großgezogen, Jutta hatte auf ihren Job in der Anwaltskanzlei verzichtet, um ihm eine Karriere als Pharmareferent zu ermöglichen, aber das alles war geschehen, ohne dass sie ihre wahren Gefühle, ihren Verzicht und ihre Hingabe erklärt hätte. Und er hatte alles als selbstverständlich angesehen. Oder war es sogar noch schlimmer? Hatte er sie womöglich noch dafür gering geschätzt?

Als er krank geworden war, hatte er angefangen, sich selbst und die ganze Welt zu hassen. Dass seine Frau ihn unterstütz-

127

te, war kein Trost gewesen, im Gegenteil. Er hatte zuvor die Familie ernährt, ihr einen gewissen Lebensstandard geboten.

»Lebensstandard«, sagte Jutta verächtlich. »Du hast das für dein Selbstbild gebraucht. Für dein Heldenepos, mit dir in der Hauptrolle.«

Er ahnte erst in dem Moment, als er sie verlor, was für eine großartige Persönlichkeit sie war. Aber wenn er ihr dies nun sagte, würde es nicht wie eine kalkulierte Kapitulation wirken?

Gernot packte seine Sachen und zog aus. Als Jutta ihn zum Wagen brachte und er sich beim Einsteigen den Kopf anschlug, musste sie aufpassen, dass sie nicht wieder Mitleid für ihn empfand. Sie durfte nicht darüber nachdenken, wie kompliziert es für ihn war, seine Kleider in einen Schrank einzuräumen, sich Essen zu machen.

Wir alle haben Geheimnisse. Es gibt Dinge, die wir mit niemandem teilen wollen oder können. Es gibt kleine Geheimnisse, die einem peinlich sind, die eher kurios sind, die für unsere Beziehungen keine große Bedeutung zu haben scheinen. Vielleicht eine Schwäche für kitschige Musik, für eine kleine sexuelle Perversion, für Modelleisenbahnen … Meist aber behalten wir Geheimnisse aus Scham für uns. Wir sollten aber wissen, dass jedes Geheimnis eine Form der Zurückweisung ist. Bindung entsteht durch Teilung, auch durch Mitteilung. In einer engen Beziehung zu einem anderen Menschen versuchen wir, uns zu offenbaren. Gerade wenn wir Dinge beichten, die uns peinlich sind, zeigen wir ein tiefes Vertrauen, nicht ausgelacht, nicht abgewertet, sondern so angenommen zu werden, wie wir sind. Mit allen Schwächen. Geheimnisse trennen. Wir sperren den anderen aus unserer Welt aus. Vor allem, wenn die Geheimnisse die Rolle des anderen in unserer

Welt betreffen. Manche sind so gravierend, dass sie einen Keil zwischen uns treiben können, dass wir spielsüchtig sind zum Beispiel, dass wir uns von anderen Sexualpartnern angezogen fühlen oder wir unseren Partner zunehmend unattraktiv finden. Vieles behalten wir für uns aus Angst, den anderen zu verletzen, vom anderen weniger geliebt zu werden.

Die Beziehung, in der wir einander vollkommen verstehen, einander alles verzeihen, ist eine Utopie. Wir können den anderen nie ganz erfassen, dazu sind wir zu unterschiedlich in unseren Empfindungen, Sehnsüchten und Charakteren. Manche glauben gar, Männer und Frauen könnten einander grundsätzlich nicht verstehen. Das sei gerade der Reiz. Es sei das Exotische, Geheimnisvolle, erzeuge die Erotik. Und wenn wir uns vollkommen offenbart haben, sei dieser Reiz für immer verloren. Wir zeigen uns in all unserer Banalität. Fürchten wir.

Oft sind wir jedoch überrascht, dass der andere uns besser versteht, als wir annehmen. Er weiß Dinge, die wir für verborgen halten. Manchmal begreift er uns besser, als wir selbst es tun. Je reifer eine Partnerschaft wird, desto mehr Vertrautheit tritt an die Stelle des Unbekannten. Das bedeutet aber nicht, dass wir einander langweilig werden. Der Mensch hat sich nie ganz entschlüsselt, geschweige denn den anderen.

Es gibt ein Geheimnis, das einen grundsätzlichen Vertrauensverlust bedeutet. Man nennt ihn nicht umsonst Betrug, nicht verniedlichend »Seitensprung«. Das sexuelle Abenteuer mit einem Dritten ist womöglich in einer Beziehung tolerabel. Aber dann muss es vereinbart sein. Jede Beziehung hat Regeln, manche davon wurden ausgesprochen, andere nicht. Aber man spürt gewöhnlich, wo die Grenze ist, ab wann man den anderen hintergeht. Ist dies passiert, dann wütet ein Betrug wie ein Eiterherd in einer Partnerschaft. Die Balance ist zerstört, wenn einer wissend ist und der andere nicht. Oft äußert sich das in einem »komischen Gefühl«, in einem Schweigen, das sich ausbreitet. Die Tabuzonen werden größer, unterminieren den Austausch und die Weiterentwicklung einer Beziehung. Wer den anderen betrogen hat, fühlt sich schuldig, und dieses Schuldgefühl macht ihn befangen. Oder er verdrängt es, aber Verdrängtes saugt Energie ab und bricht sich doch irgendwann Bahn. Dann ist die Katastrophe da. Es dauert lange, Vertrauen herzustellen, einen Moment nur, um es zu zerstören. »Wer einmal lügt, dem glaubt man nicht, und wenn er auch die Wahrheit spricht«, sagt der Volksmund. Die Folgen können Eifersucht, Kontrollzwang und permanente Vorwürfe sein, die ihrerseits eine Beziehung vergiften. Der Betrug ist auch deshalb so schwerwiegend, weil er die bisherige Gemeinsamkeit entwertet. Man glaubte, in einer Welt zu leben, und plötzlich erweist sich diese Welt als Chimäre. Bindung entsteht dadurch, dass man ein Wahrnehmungskontinuum teilt, dass man dieselbe Sprache spricht. Wie gesagt, instinktiv gleichen wir unsere Wahrnehmungen permanent mit dem anderen ab. Man spiegelt sich und fühlt sich dabei verstanden. Der Betrug zerschlägt den Spiegel. Alles wird zum Zerrbild, zur Farce.

5. Weg

Trauen Sie sich, Grenzen zu ziehen

Haben Sie das Gefühl, dass Sie sich verausgaben? Dass Ihre Mitmenschen Sie nicht respektieren und genügend lieben? Unsere Kraft ist endlich. Sie erneuert sich aber durch Lebensfreude und erfüllende Beziehungen. Beziehungen müssen permanent weiterentwickelt und neu austariert werden. Stellen Sie Ihre Beziehungen auf den Prüfstand. Welche Menschen geben Ihnen das Gefühl von Gemeinschaft? Wer inspiriert Sie und lässt Ihr Selbstvertrauen und Können gedeihen? Welche Menschen öffnen sich Ihnen? Welchen Menschen öffnen Sie sich? Und wie gehen diese mit dem Wissen über Sie um?

Gehen Sie auf Abstand zu Menschen, die Ihnen nicht guttun, Sie klein machen, ausbeuten und Ihren Selbstwert unterminieren. Die Ihre Beziehungen zu anderen boykottieren und vergiften. Trauen Sie sich, Grenzen zu ziehen. Nur wer behutsam mit Ihnen umgeht, hat Ihr Vertrauen verdient.

Sprechen Sie Ihre Gefühle an, auch Ihre Unzufriedenheit, und achten Sie genau auf die Reaktion. Hört man Ihnen zu, wimmelt man Sie ab, redet man Ihnen Ihre Gefühle und Bedürfnisse aus?

Es ist schön, wenn man gebraucht wird. Aber der Übergang zwischen Brauchen und Missbrauchen ist fließend. Wenn der andere immerzu nimmt und nie zurückgibt, müssen Sie sich wehren, sich abgrenzen. Trennen Sie sich von Menschen, die Sie ausbeuten.

Jede Beziehung, in der sich nur einer um Bindung und Verstehen bemüht, blockiert. Es ist eine Illusion, dass Sie hier Gemeinschaft und Nähe finden können, egal wie sehr Sie sich anstrengen. Mehr noch, man ist nicht nur innerhalb der toxischen Beziehung einsam, sondern die Einsamkeit wird mit der Zeit umfassend.

Aber auch in weniger pathologischen Beziehungen ist es wichtig, die eigene Person nicht aufzugeben. So schwierig es auch sein mag. Manchmal ist sogar eine (vorübergehende) Trennung nötig, damit man sich selbst treu bleiben kann. Bisweilen ist eine Trennung aber auch wichtig, um den anderen wiederzuentdecken, um sich über eigene und die Gefühle des anderen klar zu werden. Manchmal verstellt der andere uns den Blick auf uns, auf sich und auf die Welt und macht uns damit einsamer, als wir es allein wären.

6. Weg
Öffnen Sie sich Neuem

Einsamkeit durch Entwurzelung

Dann wirst du spüren, nach wie salz'gen Teigen
das fremde Brot schmeckt und wie hart es ist,
die fremden Treppen auf und ab zu steigen.

Dante Alighieri

Arbeitslos

Christoph saß dem Chef gegenüber. Dieser war jünger als er, sie duzten einander.

»Du hast ja sicher mitbekommen, was hier in letzter Zeit läuft«, begann er.

»Ja, sicher.« Sie waren eine kleine Firma für Webdesign, sieben Leute, sie arbeiteten für kleine Start-ups und Hinterhoffirmen. Es lief viel.

»Tut mir leid, dass es ausgerechnet dich erwischt.«

Christoph verstand. Sie hatten einen neuen. Jung, fähig und billig. Billiger als Christoph. »Und warum entlässt du dann ausgerechnet mich?«, fragte er. »Erklär mir das.«

Der Chef ruckelte auf seinem Stuhl. »Reg dich nicht gleich auf.«

»Wann dann?« Christoph sprang auf. »Wenn du mich raushaben willst, dann musst du eine gute Begründung vorlegen.«

»Unser Gewinn ist eingebrochen.«

»Wir verdienen mehr denn je. Du hast nur eine Unmenge neuer Anschaffungen gemacht. «

»Sorry, meine Entscheidung steht fest.«

»Arschloch«, sagte Christoph.

Sein Arbeitszeugnis, das er mit den letzten drei Monatsgehältern bekam, war nicht besonders positiv. Christoph konnte es egal sein. Er war Musiker und spielte Bass in einer Punkband. Ein Jurastudium hatte er seinen Eltern zuliebe angefangen, schließlich abgebrochen und dann eine Fortbildung als Webdesigner gemacht. Seiner Freundin Kathrin zuliebe. Homepages für Autoteilediscounter und Cut-to-go-Läden. Stuss.

Er ging nach Hause, stritt sich mit seiner Freundin, dann ging er zur Bandprobe. Aber auch da gab es Ärger, wegen eines Solos, das er im dritten Song spielen wollte.

»Lass es weg. Oder spiel es besser«, sagte Ole, der Sänger.

»Wir machen Punk«, antwortete Kevin.

»Auch Punk muss gut klingen.«

»Spießer.«

Sie probten ein anderes Stück. Aber die Stimmung war dahin.

Die nächsten Wochen waren schwierig. Irgendwann musste Christoph Kathrin reinen Wein einschenken – oder sich einen neuen Job suchen. Zu beidem hatte er keine Lust. Er trank zu viel, schlief lange, schaute fern, während Kathrin arbeiten war.

Nach einigen Tagen fragte sie: »Was ist?«

136

Errata

Walter Möbius / Christian Försch

»7 Wege aus der Einsamkeit
und zu einem neuen Miteinander«

ISBN 978-3-8321-9878-7

Auf Seite 137 fehlt folgender Text:

»Nichts.«
Sie waren seit acht Jahren ein Paar, seit sieben wohnten sie zusammen. Sie kannte ihn. »Du musst zum Jobcenter«, sagte sie.
»Wozu?«
»Damit du eine neue Arbeit bekommst. Oder wenigstens Arbeitslosengeld.« Er tat ihr den Gefallen. Aber er fand es lächerlich, stundenlang mit einer Nummer zu warten, um dann von seiner Sachbearbeiterin zu hören: »Webdesigner? Wie kann man da arbeitslos werden?«
»Indem einem gekündigt wird. Der Chef war ein Arschloch.«
»Natürlich.« Sie betrachtete sein Arbeitszeugnis.
Nach drei Monaten beantragte Christoph Arbeitslosengeld I. Es stand ihm ein Jahr lang zu und reichte so einigermaßen zum Leben. Die Tage zogen sich, er durchstreifte das Internet nach einer neuen Stelle, aber die meisten Firmen suchten günstige Nachwuchskräfte. Wenn Kathrin nach Hause kam und fragte, was er gemacht habe, wurde er sauer. Auch Gespräche mit Freunden wurden ihm unangenehm. Seine besten Kumpel waren die Mitglieder seiner Band. Sie lebten in festen Beziehungen, machten längst Karriere, zwei waren vor Kurzem Vater geworden.
Nach einem Jahr lief das Arbeitslosengeld aus. Danach bekam Christoph Hartz IV. Zuerst einmal musste er jedoch eine »Eingliederungsvereinbarung« unterschreiben, seine Bankkonten offenlegen, Gagen und andere Einkünfte melden. Nachdem er Seite um Seite ausgefüllt und unterschrieben hatte, wartete er. Es kam keine Überweisung, sondern eine Einladung ins Jobcenter. Frau Schmitz fragte: »Sie leben mit Ihrer Freundin zusammen, sind ein Paar?«
»Sicher.«

137

Wir bitten um Entschuldigung. Ihr DuMont Buchverlag

auch sein mag. Manchmal ist sogar eine (vorübergehende) Trennung nötig, damit man sich selbst treu bleiben kann. Bisweilen ist eine Trennung aber auch wichtig, um den anderen wiederzuentdecken, um sich über eigene und die Gefühle des anderen klar zu werden. Manchmal verstellt der andere uns den Blick auf uns, auf sich und auf die Welt und macht uns damit einsamer, als wir es allein wären.

»Dann sind Sie eine Bedarfsgemeinschaft. Ich brauche eine Gehaltsabrechnung Ihrer Freundin.«

Nachdem auch ihre Unterlagen geprüft waren, kam der Bescheid. Christoph stand kein Geld zu. Er schluckte seine Wut hinunter, bewarb sich auf ein paar Stellenanzeigen, wurde zu zwei Gesprächen eingeladen. Von Firmen irgendwo auf der grünen Wiese. Über eine Stunde mit der S-Bahn, langweilige Arbeit, miese Bezahlung. Er war froh, dass die Bewerbungsgespräche zu nichts führten.

Es verging ein weiteres Jahr, in dem er sich mit Gelegenheitsjobs und Kathrins Unterstützung über Wasser hielt.

Als Christoph an einem Samstag in die Küche kam, wickelte sie gerade einen Kaffeebecher in Zeitungspapier ein.

»Was machst du?«

»Die anderen Sachen stehen im Treppenhaus. Ich ziehe aus.«

»Spinnst du jetzt?« Er war laut geworden, und das konnte Kathrin auf den Tod nicht leiden. Also probierte er es in vernünftigem Ton. »Ist nur eine Phase. Warte wenigstens, bis ich wieder einen Job habe.«

»Ich habe zwei Jahre lang versucht, dir Mut zu machen. Davor habe ich dir Mut gemacht, damit du dein Studium abschließt, als du das geschmissen hast, habe ich dich bei der Umschulung unterstützt …«

»Die habe ich nur für dich gemacht.«

»Für mich? Dann mach ab jetzt etwas für dich.«

»Lass uns doch erst einmal reden.«

»Das habe ich oft genug versucht.«

»Wann? Ich kann mich nicht erinnern.«

»Genau das ist dein Problem.«

Am Anfang war Christoph sicher, dass Kathrin zurückkommen würde. Er wollte einen Neuanfang, alles erklären,

138

doch sie blockierte seine Freundschaftsanfrage bei Facebook, bei Twitter, nahm seine Anrufe nicht an. Christoph riss sich zusammen und ging zum Jobcenter. Wartenummer, zermürbende Stunden inmitten der »Hartzis«. Als er endlich aufgerufen wurde, pochte das Blut in seinen Schläfen. Dazu noch Frau Schmitz. Frau Schmitz machte keinen Hehl daraus, dass sie ihn nicht mochte.

»Meine Freundin ist ausgezogen. Wir haben uns getrennt.«

»Sie wissen, dass wir Ihre Lebenssituation überprüfen können. Auch durch Überraschungsbesuche.«

»Machen Sie das.«

»Wie groß ist Ihre Wohnung?«

Er sagte es.

»Das ist mehr als einer alleinstehenden Person zusteht.«

»Ich will so schnell wie möglich Arbeit finden.«

»Davon sehe ich nichts. Sie haben mir keine Nachweise über Ihre Bewerbungen geliefert. Sie verstoßen damit gegen unsere Eingliederungsvereinbarung«, sagte sie.

»Frau Schmitz, Sie und ich wissen, was es bedeutet, wenn ich mich wöchentlich auf drei Kontakte bewerbe. Drei Absagen. Die Jobs werden heutzutage unter der Hand vergeben.«

»Mag sein. Aber so sind nun einmal die Spielregeln. Sie müssen wöchentlich drei Bewerbungen nachweisen, sonst steht Ihnen Hartz IV nicht zu. Vorschlag zur Güte. Sie holen die Bewerbungen nach, und ich verzichte auf eine Meldung bei der Leistungsabteilung.«

»Vielen Dank«, sagte Christoph.

»Aber beim nächsten Mal gibt es eine Sanktion.«

Er ging nach Hause und setzte sich an die erste Bewerbung. Sobald er sich die Stellenausschreibung ansah, überwältigte ihn ein Gefühl der Sinnlosigkeit. Dennoch schrieb er Bewerbung um Bewerbung. Es kamen keine Absagen. Es kam gar nichts. Und jede Woche fiel es ihm schwerer, wieder und wieder denselben Lebenslauf zu modifizieren, immer knapp an Hochstapelei und Lüge vorbei, zugeschnitten auf das Profil einer Stelle, die nicht wirklich zu ihm passte.

Nach drei Monaten war Christophs Hartz-IV-Antrag bearbeitet. Er bekam Geld und einen Berlin-Pass. Damit konnte er günstiger U-Bahn fahren und ins Museum. Er schämte sich, ihn vorzuzeigen. Lieber ging er gar nicht ins Museum. Doch dann entdeckte er eine Stellenausschreibung, die wie für ihn gemacht schien. Ein junges unabhängiges Plattenlabel suchte einen Webdesigner. Er war aufgeregt, als er sich in einer alten Fabrikhalle vorstellte. Alles gefiel ihm dort, die nackten Wände, die aus Schrottteilen geschweißte Einrichtung, und als der Chef ihn nach seiner Band fragte, wurde er gesprächig. Er redete so lange und munter wie schon seit Jahren nicht mehr.

»Wir geben dir Bescheid«, sagte der Chef und lächelte zum Abschied. Christoph wartete. Nach einer Woche rief er an. Eine Sekretärin wimmelte ihn ab. Sie wisse nichts von seiner Bewerbung, die Stelle sei besetzt. Es traf ihn wie ein Schlag. Er konnte nicht verstehen, was er falsch gemacht hatte. Was er schon wieder falsch gemacht hatte. Er versank in Grübeleien und Apathie. Nicht einmal zur Probe ging er mehr. Er war über vierzig, was er in seiner Umschulung gelernt hatte, war fast schon wieder wertlos. Als die Band sich auflöste, war ihm das nur recht. Einmal lief ihm Ole über den Weg und lud ihn zu einem Bier ein. Doch als es ans Bezahlen ging, sagte Christoph brüsk: »Das kann ich mir schon noch leisten. Danke.« Es war das letzte Mal, dass er etwas von Ole hörte. Manchmal wenn Schritte im Treppenhaus hallten oder der Briefkasten klapperte, dann bekam er Angst, es könnte ein Schreiben vom Jobcenter sein, das neue Nachweise forderte oder Sanktionen androhte, denn wie immer war er in Verzug

140

mit seinen Bewerbungen. Er musste irgendwie aus diesem Schlamassel heraus. Aber die Angst und das Gefühl der Sinnlosigkeit lähmten ihn. Wenn ihn jemand auf der Straße anlächelte, hielt er das für Hohn. Am besten ging es ihm, wenn er sich einen Joint ansteckte und ein paar Pillen einwarf. Früher waren es Aufputschmittel gewesen, aber inzwischen zog er Valium vor, weil er nur noch schlafen wollte.

In Marienthal, einem österreichischen Dorf, das von einer prosperierenden Flachsspinnerei lebte, hat man erstmals flächendeckend die Auswirkungen von Arbeitslosigkeit untersucht. Als der Betrieb 1929 schlagartig schloss, bewahrte nur ein Viertel der Familien einen gewissen Lebensmut, die meisten resignierten nach und nach, wurden verzweifelt oder apathisch.

Wer seine Arbeit verliert, verliert nicht nur sein gewohntes Umfeld und Bindungen, sondern auch eine Säule des Selbstbewusstseins. Es ist ein menschliches Grundbedürfnis, produktiv zu sein, wir wollen unsere Umwelt gestalten, unsere Kräfte spüren. Selbst in einer monotonen oder »entfremdeten« Arbeit entsteht ein Gefühl der Sicherheit. Man hat eine Bindung an die Gesellschaft, wird entlohnt für Lebenszeit. Man zahlt in die Sozialsysteme ein, ist ein Aktivposten und hat entsprechendes Prestige. Und mit Kollegen oder Freunden kann man sich den Frust über den miesen Job von der Seele reden. Man gehört in eine seelische Solidargemeinschaft. Mit dem Verlust der Arbeit fällt all das schlagartig weg. Und sollte man längere Zeit keinen Job finden, dann wird aus dem Betriebsunfall ein Grundsatzurteil über die eigene Existenz. Die Folge sind Schuldgefühle, Ressentiments und eine immer größere Unsicherheit. Wenn nicht einmal mehr eine Absage auf eine Bewerbung erteilt wird, dann fühlt man nur noch Ohnmacht und Herabwürdigung. Die soziale Resonanz ist endgültig abgestellt. Mit dem Verlust des Sozialstatus gehen zudem systemische Kränkungen einher: nicht mehr ernst genommen, belächelt, in den Behörden wie ein Bittsteller behandelt zu werden. Dazu kommen existenzielle Ängste wie die vor dem Verlust der Wohnung.

Auch die Beziehungen werden schwieriger, wenn die Freunde sich beruflich weiterentwickeln, einen anderen Lebensstil pflegen. Und Einladungen werden belastend, wenn sie nicht erwidert werden können – mögen sie auch noch so aufrichtig gemeint sein.

Christoph war zutiefst gekränkt. Er hatte sich Mühe gegeben in einem Job, mit dem er sich nicht wirklich identifizierte. Die empfundene Ungerechtigkeit, die ihm durch seine Entlassung widerfuhr, konnte er daraufhin umso weniger verwinden, eine Ungerechtigkeit, die für ihn der Anfang einer Abwärtsspirale war, auch weil er nicht bereit war, sich beliebig anzupassen.

Um das eigene Selbstbild zu stabilisieren, tendieren wir dazu, für unser Scheitern andere verantwortlich zu machen. Das mag manchmal sogar stimmen und ist kurzfristig entlastend, hilft aber nicht. Denn wir können nicht die anderen, sondern nur uns selbst und damit unsere Situation verändern. Dem anderen die Verantwortung zu geben verdammt uns selbst zur Ohnmacht.

Einsamkeit ist als vorübergehender Zustand manchmal heilsam. Der Mensch kann sich auf seine wahren Bedürfnisse besinnen, Kraft schöpfen. Einsamkeit bietet Schutz vor Verletzungen. Man ist sein eigener Herr, hat die Deutungshoheit über alles. Man kann sich auch einmal die Welt zurechtbiegen, damit man sie besser erträgt und die Seele zur Ruhe kommt.

142

Erst wenn man regeneriert hat, kann man Niederlagen nüchtern und mit neuer Widerstandskraft aufarbeiten.

Wenn man in Christophs Zustand geraten ist, dann stumpfen jedoch die sozialen Instinkte ab. Ein unterschwelliger, nicht bearbeiteter Groll führt zu Aggressionen, auch gegen Wohlmeinende, vielleicht gerade gegen Wohlmeinende. Man unterstellt den anderen Hintergedanken – dabei sind es die eigenen.

Von Paul Watzlawick gibt es eine geniale Geschichte:

Ein Mann möchte in seiner Wohnung ein Bild aufhängen, findet jedoch keinen Hammer, um den Nagel in die Wand zu schlagen. Ihm fällt der Nachbar ein. Bestimmt hat er einen Hammer. Natürlich, der Nachbar hat ja alles. Aber wird er ihn verleihen? Wird er ihn gerne verleihen? Er hat beim letzten Mal im Treppenhaus so verkniffen gegrüßt. Falls das überhaupt ein Gruß war … Die Hauptfigur der Geschichte gerät ins Grübeln, und je länger sie grübelt, desto unsympathischer wird der Nachbar: ein eingebildeter Schnösel, bei dem man auf keinen Fall in der Schuld stehen will. Allerdings kann man sich auch nicht alles gefallen lassen. Nein, wahrlich nicht. Also klingelt der Held an der Tür gegenüber, und als der Nachbar öffnet, bekommt er zu hören: »Behalten Sie sich Ihren Hammer, Sie Rüpel!«[22]

Ein Beispiel, wie man sein Leben boykottiert, wie man durch »Gedankenarbeit« Unheil anrichtet, statt ein banales Alltagsproblem durch Spontaneität zu lösen: Selten wird einem ein Gefallen, um den man freundlich bittet, verwehrt. Vielleicht kommt man sogar ins Gespräch, man kann sich mit einer Geste revanchieren, eine Beziehung (Freundschaft) bahnt sich an.

Die Geschichte zeigt, wie Sekundäremotionen arbeiten. Der Held ist vielleicht schüchtern oder gekränkt, eine Zu-

143

rückweisung würde alte Wunden wieder aufreißen, seine geheime Angst ist, ein Nein zu hören. So unwahrscheinlich dies ist – die Angst lähmt, man sucht Gründe, um sich ihr nicht zu stellen. Und man wandelt sie – wie in diesem Fall – in Aggression um. Am Ende ist der Nachbar schuld daran, dass unser Held keinen Hammer hat. Egal wie gerne er ihn verleihen würde.

Der Dysstress der Vereinsamung lädt harmlose Situationen mit Angst und innerem Druck auf, und der wiederum schreckt andere Menschen ab. Die sorglose Offenheit, die zur zwischenmenschlichen Begegnung nötig ist, weil sie Neugierde, Austausch und Vertrauen initiieren kann, ist verloren gegangen. Der Vereinsamte teilt die Welt oft in Freund und Feind ein. Und das Feindesland beginnt an der Wohnungstür. Er hat sich in einen Kokon zurückgezogen, ihm fehlt das alltägliche Training des Miteinanders. Man braucht Sparringspartner, um sozial geübt zu bleiben und mit alternativen Sichtweisen auf die Welt umgehen zu können. Wir brauchen die Auseinandersetzung, die Diskussion, den Widerspruch. Das Selbstgespräch führt irgendwann, wie im Kapitel »Gefangenschaft« beschrieben, in Leerlauf und Implosion.

Auch in Marienthal machte man eine merkwürdige Beobachtung: Die Bewohner zeigten einander immer häufiger bei der Polizei an – vor allem wegen vermeintlicher Schwarzarbeit. Anfangs hatten die Denunziationen in der Regel einen realen Hintergrund, nach wenigen Jahren fußten die meisten auf Erfindung. Die Arbeitslosen solidarisierten sich nicht, sondern verloren jegliches Interesse am Gemeinwesen, igelten sich gegen die feindliche Welt da draußen ein und verfielen in Apathie. Übrig blieben reflexhafte Abwehr, Neid und Paranoia.

144

Neurobiologisch sind die Vorgänge inzwischen erforscht. Ein Mensch, der sich sozial ausgegrenzt fühlt, hat eine geringere Kreativität im problemlösenden Denken, er gibt früher auf, ist schneller frustriert und entmutigt. Damit häufen sich seine Niederlagen, und der Teufelskreis beginnt, sich zu schließen. Schuld daran ist, dass die Stress- und Angstzentren im Gehirn einen Alarmzustand auslösen, der Reize auf ihren bedrohlichen Gehalt untersucht. Alles wird auf Gefahrenabwehr umprogrammiert, und der Mensch kämpft ums Überleben. Harmlose Impulse werden dann als »irrelevant« ausgesondert, man konzentriert sich allein auf den Angriff und Möglichkeiten für Kampf oder Flucht.

Wenn ein Berufstätiger nachmittags in der Bäckerei etwas kauft und eine Bemerkung hört wie: »Na, heute schon Feierabend?«, dann empfindet er diese Äußerung als freundlichen Small Talk. Ein Arbeitsloser mag aus derselben Frage Sarkasmus, ja Hohn heraushören. Dass die Bemerkung eine Einladung zum Gespräch sein könnte, gerät dann aus dem Blick.

Die Nigerianerin im Rhein

Der Wagen bremste neben ihr, Joy spürte die Angst. Daran ist noch keine gestorben, hatte man ihr gesagt, und jedes Mal dachte Joy: Vielleicht werde ich die Erste sein. Aber als die Seitenscheibe herunterfuhr, sah Joy in ein freundliches Frauengesicht. »Kann ich dir helfen?«, fragte sie. »Willst du Kondome, heißen Tee?«

Die Frau reichte ihr einen dampfenden Becher durchs Autofenster und eine Tüte. »Möchtest du kurz einsteigen und dich aufwärmen?«

145

Joy schüttelte den Kopf. Das nächste Mädchen war nur drei Meter entfernt. Es schaute herüber und wahrscheinlich auch einer der Aufpasser.

»Ich muss arbeiten.«

»In der Tüte ist eine Visitenkarte. Wir können dich von der Straße holen, einen Job für dich finden.«

»Keine Papiere.«

»Du kannst auch eine Aufenthaltsgenehmigung bekommen.«

Joy schüttelte den Kopf. Sie wusste, was sie dafür tun musste. Hintermänner nennen, ihre Madame. Aber das konnte sie ihr in der fremden Sprache jetzt nicht erklären. Außerdem – was sollte dieses freundliche Lächeln? Warum wollte man ihr helfen? Oder war das eine Falle?

»Okay«, sagte die Frau freundlich lächelnd. »Ich kann dich verstehen.«

Der Wagen verschwand im Nebel. Joy fror in ihrem grellen Top und den Shorts, die ihr die Madame gegeben hatte. Im nächsten Wagen saß ein Mann. »Wie viel?«, fragte er. Sein Blick glitt langsam an Joys Körper hinab.

Joy war sechzehn gewesen, als ihre Mutter auf dem Markt in Benin City von einer Bekannten angesprochen wurde. Wie hübsch Joy sei, ob sie nicht nach Europa wolle, Schweden, Deutschland, Schweiz, in ein Land, wo es keine Probleme und viel Geld gab. Joys Mutter war interessiert, trotz der Gerüchte, dass die meisten Mädchen auf der Straße landeten.

Joy blieb die harte Route durch die Sahara und übers Mittelmeer erspart. Sie flog nach Paris, wo man sie am Gate erwartete. Eine strahlende Frau in mittleren Jahren. Nigerianerin. Sie nahm Joy mit nach Hause und brachte sie am nächsten Morgen zum Bahnhof. Mit einem Ticket nach Italien.

146

»Ich will nach Deutschland. Ich muss Geld verdienen, das ich nach Hause schicken kann.«

»Du hast siebentausend Euro Schulden. Wenn die abbezahlt sind, bekommst du deinen Pass und kannst nach Deutschland.«

Die Beifahrertür ging auf, und Joy stieg ein.

»Schnall dich an«, sagte der Mann.

Er fuhr los. Sie spürte den Ekel, nein, sie schaffte es nicht. Es brachte sie um. Sie musste weg. Sie dachte an die Visitenkarte in der Tüte. Wenn sie doch zu der Frau ginge? Dann musste sie mit ihr zur Polizei. Joy lebte mit drei Freundinnen zusammen, alle Nigerianerinnen, alle prostituierten sich. Sie würden es sofort mitbekommen. Und dann war Joys Familie in Benin City in Gefahr. Sie bekam Gänsehaut, wenn sie daran dachte, was sie eines Abends in ihrem Bett gefunden hatte: ein Foto von ihrer Mutter, ihrem Vater, Joy und den fünf Geschwistern. Die Augen ausgestochen, die Ränder verkohlt, Kopfkissen und Laken waren mit Blut getränkt. Die Botschaft war klar. Sie konnte aussteigen, zur Polizei gehen, aber dafür würde ihre Familie in der Heimat büßen.

Der Wagen rollte in die Dunkelheit, die Reifen prasselten auf Schotter, das Gebläse ging aus. Joy erstarrte. Daran ist noch keine gestorben.

Als es vorbei war und er den Motor startete, sah er sie an. Mit viel Gefühl. Sie hasste diesen Blick.

»Nächste Woche bin ich weg. Willst du mitkommen?«, fragte er.

»Wohin?«

»Düsseldorf. Deutschland.«

Die Mädchen, die schon länger auf der Straße arbeiteten, hatten zwei Freunde, einen Money-Boy und einen Lover-Boy. Der eine war alt, Italiener, und zahlte viel Geld. Der andere war jung, Nigerianer, und nahm den Mädchen das Geld wieder ab.

»Wie viel bezahlst du?«

Am nächsten Tag sah Joy zum ersten Mal die Alpen.

»Schnee«, sagte der Mann und lachte.

Vor dem Brenner musste Joy sich auf der Rückbank unter einer Decke verbergen. Sie hatte sich alles genau überlegt. Ihr Handy in der Wohnung gelassen, ihre wenigen Klamotten. In Italien war sie noch vernetzt gewesen, über Facebook und die Bekannten aus Benin City, von denen viele in derselben Provinzstadt gelandet waren. Die Organisation konnte sie dort jederzeit orten. In Deutschland kannte sie niemand, das war ihre Chance. Sie musste nur den Alten loswerden und abtauchen. Sobald er parkte und abgelenkt war, würde sie verschwinden. Im Wald oder in einem Kaufhaus.

Joys Flucht endete in der Psychiatrie. Sie wurde stark unterkühlt, tropfnass und halb nackt von der Polizei am Rheinufer aufgelesen. Das Mädchen war ihrem italienischen Freier davongelaufen und hatte am Bahnhof einen Unbekannten angesprochen. Dieser hatte ihr einen Fahrschein für die Straßenbahn gegeben. Einen abgelaufenen. Als ein Kontrolleur sie festhielt und die Polizei rief, wurde das Mädchen angesichts der uniformierten Männer panisch. Es dachte an Italien zurück, an die Anzeige, die sie erstatten sollte, gegen ihre Zuhälter und die Hintermänner. Man durfte sie nicht identifizieren, nicht festhalten. Ihr ganzer Plan scheiterte, ihre Familie in Nigeria … Sie riss sich los, rannte über die Gleise, stieg auf das Brückengeländer und sprang, als die Polizisten ihr folgten, in die Tiefe.

Es gibt verschiedene Gründe für Entwurzelung: Flucht, Migration, ein plötzlicher Wechsel des sozialen Milieus (wie beim

148

Jobverlust oder in der Geschichte des schweigenden Anwaltspaars). Entwurzelung bedeutet, dass schlagartig das Netz aus Bindungen reißt, dass Halt und Orientierung verloren gehen. Man büßt seinen Platz in der Welt, im Sozialgefüge ein. Man versteht die fremde Sprache nicht, jede Geste kann falsch interpretiert werden. Man wagt es nicht, um Rechte zu kämpfen, weil man seine Rechte nicht kennt oder glaubt, keine zu haben.

In einem süditalienischen Dorf löste kürzlich ein Afrikaner einen Eklat aus, weil er sich zum Pinkeln mitten auf die Straße gestellt hatte. In seiner Heimat, wo der Rinnstein in der Fahrbahnmitte verläuft, war es ein Zeichen von Anstand gewesen, sich dort und nicht in der Nähe der Häuser zu erleichtern. In Italien dagegen wirkte es wie ein Affront.

Ein Mensch ohne Wurzeln verliert seine Identität; ähnlich wie in der Pubertät wird sein Selbstbild brüchig und anfällig für Moden, Einflüsterungen, Manipulationen. So wird er leichter Opfer von Gewalt, Missbrauch, auch psychologischer Art.

Nur wenige erleben so eine traumatische Entwurzelung wie Joy, aber viele von uns kennen das Gefühl, fremd zu sein und uns nicht mehr richtig orientieren zu können. Entweder haben wir uns absichtlich in diese Lage gebracht, weil wir uns nach Veränderung, Weiterentwicklung sehnten, oder wir waren ungewollt drastischen Umstellungen ausgesetzt. Die Folge: Stress und Angst. Nicht Teil der Gemeinschaft zu sein und die anderen nicht zu verstehen ist eine Extremsituation für einen Menschen.

Wenn es dann gelingt, in der neuen Welt Fuß zu fassen, wenn man allmählich die neue Kultur, die Codes und Gepflogenheiten gelernt hat, ist es wichtig, die eigene Herkunft und frühere Identität nicht zu verleugnen. Sonst fühlt man sich wie ein Hochstapler, der immer mit Entlarvung rechnen muss, der hinter einer Maske lebt, vor deren Verlust er sich fürchtet.

Und dennoch, es bleibt eine Anstrengung, aus einer Welt zu stammen und in einer anderen zu leben, wie die Verwendung einer Fremdsprache. Viele Migranten fühlen sich, als würden sie zwischen zwei Welten leben, wenn man, wie Joy, die Ansprüche der Vergangenheit erfüllen und sich gleichzeitig in einer neuen Realität behaupten will. Joys Familie hatte das Mädchen in gewisser Weise geopfert, sie musste Schulden begleichen, für die sie nicht verantwortlich war. Sie wurde so zum Opfer der einen wie der anderen Welt.

Ich, Walter Möbius, habe als Kind beides erlebt, sowohl eine gelungene Integration als auch das Gegenteil. Als ich im Zuge der Kinderlandverschickung in Schlesien war, rückte im Februar 1944 die Sowjetarmee so nah an den Hof, dass wir fliehen mussten. Ich wurde eines Morgens auf einen Planwagen gesetzt, und der Treck zog Richtung Westen. Die Bäuerin stand weinend vor ihrem Haus und sagte: »Ihr werdet bald wiederkommen.« Aber ich glaubte ihr nicht. Für mich war der Abschied ein Schock, denn ich wurde aus einem Paradies vertrieben. Wir zogen Tage und Nächte lang durch eine tief verschneite Landschaft, sahen bizarre Gerippe von toten Pferden und zurückgelassenen Fahrzeugen. Überall Spuren von Zerstörung, Tod und Chaos. Ohnmächtig und verängstigt kauerten wir uns unter der Plane zusammen, während Schneestürme über uns hinwegfegten und wir mit quälender Langsamkeit ins Ungewisse zogen.

Als wir dann in Sachsen ankamen und auf verschiedene Familien verteilt wurden, hänselte man mich wegen meines rheinischen Dialekts. Es gab, außer der Schule, keine Beschäftigung für uns. Keine körperliche Arbeit, bei der wir uns hätten beweisen und »einbringen« können, kein gemeinsames Singen oder Spielen. Man ließ uns überall spüren, dass wir Flüchtlingskinder waren, überflüssig und nicht gewollt. Als ich so ausgehungert war, dass ich mich einmal an den gehorteten Lebensmitteln der Familie bediente, wurde ich zur Strafe in ein dunkles Kellerloch gesperrt. Wahrscheinlich wäre ich an dieser Erfahrung zerbrochen, wenn ich der einzige Zwangseinquartierte dieser Familie gewesen wäre. Zum Glück hatte ich einen Mitstreiter, älter und gewiefter als ich, mit dem mich bald eine enge Freundschaft verband.

Ohne andere Menschen, die unsere Verwirrung und unseren Kummer teilen, gelingt es kaum, mit der Feindseligkeit der Fremde zurechtzukommen.

6. Weg

Öffnen Sie sich Neuem

Fühlen Sie sich isoliert? Hat es Sie in die Fremde verschlagen? Wenn Sie plötzlich Ihren Partner, Ihr gewohntes Umfeld, Ihren Job, Ihre Heimat verloren haben, dann ist es unvermeidlich, dass Sie Trauer empfinden und besonders fragil und kränkbar sind. Womöglich hilft Ihnen der soziale Rückzug, um den Verlust zu verarbeiten und wieder ein wenig Lebensmut zu finden.

Danach sollten Sie behutsam Ihre Fühler ausstrecken. Das ist schwer, wenn alles fremd und bedrohlich wirkt. Achten Sie auf jedes Hilfsangebot. Und geben Sie sich manchmal einen kleinen Ruck, um Ihre Scheu zu überwinden. Sprechen Sie auch einmal einen Unbekannten an, wenn er Ih-

151

nen sympathisch erscheint. Achten Sie auf Ihre Gestik und Mimik. Eine geschlossene Körpersprache, das am anderen Vorbeisehen, erscheint abweisend.

Es gehört Größe dazu, Hilfe anzunehmen. Manchmal müssen Stolz und Gekränktheit überwunden werden. »Nur der Geizige lehnt ein Geschenk ab«, sagt ein irakisches Sprichwort. Jede Gabe ist ein Schritt zur Bindung, eine Verpflichtung für die Zukunft. Überwinden Sie Ihren Stolz, denn irgendwann werden Sie in der Lage sein, sich zu revanchieren. Zu geben entspringt dem menschlichen Bedürfnis nach Gemeinschaft. Es setzt Glücksgefühle frei. Gönnen Sie dem Helfenden diesen Moment.

Sobald Sie aber mithelfen können, packen Sie mit an. Seien Sie nicht zu wählerisch, weder mit Menschen noch mit Gesprächsthemen oder mit Aufgaben, die »unter Ihrem Niveau« scheinen. Niemand kennt bisher Ihr Niveau. Es geht um einen Anfang.

Wenn Sie keine feste Arbeit finden, dann wäre vielleicht ein Ehrenamt etwas für Sie? Helfer werden fast überall gesucht, bei der Caritas, beim Bücherflohmarkt des Roten Kreuzes, der Tafel, im Tierheim usw.

Vorurteile abzubauen ist ein ständiger Prozess, für jeden von uns. Die Scheu vor dem Fremden ist ein natürlicher Schutz, aber wir müssen zulassen, dass aus dem Fremden ein Vertrauter wird.

Das Fremde hat auch einen besonderen Reiz. Es macht uns neugierig, fasziniert uns. Unterdrücken Sie Ihre Neugier nicht. Sie ist die Basis für Wachstum. Sie werden in der neuen Umgebung oder in einer neuen Beziehung neue Fähigkeiten entwickeln. Vertrauen Sie darauf. Anpassung ist nicht

Deformation, sondern Wachstum in eine neue Richtung. Um in der Situation wachsen zu können, muss man sie allerdings akzeptieren. Lassen Sie Veränderung zu, ohne Angst, Ihre Identität zu verlieren. Um wieder glücklich werden zu können, darf man nicht in Selbstvorwürfen, Vergangenheitsverklärung oder Realitätsverleugnung festhängen. Verzeihen Sie sich Fehler, die Sie in der Vergangenheit gemacht haben, akzeptieren Sie sie als Teil der Weiterentwicklung.

7. Weg
Erkennen Sie, was wesentlich ist

Heilkraft der Einsamkeit

Ich habe nie eine Gesellschaft gefunden,
die so gesellig war wie die Einsamkeit.

Henry David Thoreau

Die Wüstenväter

Ende des 4. Jahrhunderts geriet die katholische Kirche in Aufruhr. Bizarre Gerüchte machten die Runde, von Konstantinopel bis Rom, von Athen bis Alexandria ging die Kunde von Wundertätern und Heiligen, den sogenannten »Wüstenvätern«[23]. Radikale Asketen, die in unwirtlicher Gegend, vollkommen einsam, von Insekten und Wurzeln lebend, den wahren Draht zum Herrn gefunden hätten. Die Kirchenfürsten waren alarmiert. Sie fürchteten den Verlust der wahren Lehre – und vor allem ihrer Macht.

Sie schickten eine Expedition in die ägyptische Wüste, von wo aus sie die meisten Gerüchte erreichten. Eine siebenköpfige Gesandtschaft befragte Nomaden und Hirten, geriet in

157

Sandstürme, verirrte sich in den Salzwüsten, wurde von Krokodilen und Räubern angegriffen. Halb verdurstet, dem Wahnsinn nahe, irrten die Männer umher, bis sie, wie durch ein Wunder, an Wasser gelangten. Ein alter Mann schöpfte es aus einer versteckten Quelle und reichte es ihnen. Als sie sich ein wenig erholt hatten, fragte er, was sie denn in dieser Einöde suchten. »Wüstenväter«, war ihre Antwort. Ob er jemals einen getroffen habe. Er schüttelte den Kopf.

»Und Sie, was machen Sie hier?«, fragten sie.

»Ich lebe hier«, sagte der alte Mann.

»Und wie ist Ihr Name?«, fragte der Leiter der Expedition.

»Kopres«, war die Antwort. Da waren alle wieder munter. »Kopres«, der Name stand auf ihrer Geheimliste. Sie betrachteten den Mann genauer. Spindeldürr, zerlumpt saß er vor seiner Felshöhle. Wozu? Um die Machtstrukturen der Amtskirche aus den Angeln zu heben? Sie redeten mit ihm über sein Leben, über das Dasein, über den Glauben. Er war heiter, geduldig, aber seine Antworten waren schlicht. Sein Gottesbild naiv. Von Dogmen verstand er nichts, und offensichtlich hatte er kein Interesse daran, seine eigenen durchzusetzen. Selbst die Jünglinge, die ihn aufsuchten, um sich unterweisen zu lassen, schienen ihm eher lästig zu sein. Er wollte einfach allein sein. Allein mit Gott.

Die Expedition traf auf weitere Eremiten. Manche über achtzig, ja neunzig Jahre alt. Für die damalige Zeit extrem betagt. Woher stammte diese Zähigkeit? Das heitere Gemüt? Ein Grund für die erstaunliche Widerstandskraft der Wüstenväter lag, wie wir heute wissen, in ihrer kargen Ernährung: Insekten, Wurzeln, manchmal ein Stück Brot, ein paar Oliven. Die Lebensgewohnheiten beruhten auf Askese, wobei das griechische Wort »askesis« damals nicht nur Enthaltsamkeit bedeutete, sondern auch Training. Leibesübungen, Versenkung ins Gebet, eine spirituelle Konzentration, die sich in der Wüste, fern jeglicher Ablenkung durch andere Menschen, offenkundig besonders gut bewerkstelligen ließ.

Wir Menschen des 21. Jahrhunderts fragen uns: Welchen Sinn hat ein solch asketisches Leben? Kann es erfüllend sein, irgendwo allein zwischen den Felsen zu hocken und zu beten? Ist es nicht sterbenslangweilig? Ein stumpfsinniges Warten auf den Tod, das zudem, da der Lebensstil so gesund ist, auch noch unverschämt lange dauert. Vor allem aber: Fehlt nicht genau das, was wir eingangs als eine Säule des Lebenssinns festgeschrieben hatten? Bindung an andere, die uns Anerkennung, Liebe und das Gefühl geben, dass wir gebraucht werden? Kann all das Gott geben?

Für uns Autoren (und Sie als Leser, der am Thema Einsamkeit Interesse hat) stellt sich noch eine grundlegende Frage: Waren die Einsiedler in ihrer Isolation nur allein? Oder waren sie auch einsam?

Offensichtlich fanden sie in Gott einen so starken Halt, dass sie Einsamkeit nicht als bedrohlich empfanden. Im Übrigen war es auch mit dem Alleinsein schnell vorbei. Die Wüstenväter wurden nämlich nicht nur von Expeditionen heimgesucht, sondern auch von Nachahmern und Verehrern, von antiken Autogrammjägern und Sensationslüsternen. Sie zogen sich immer weiter in die Wüste zurück, auf der Flucht vor ihrer Popularität, sie stiegen auf Säulen, unter denen sich prompt wieder Publikum versammelte.

Ihre Einsamkeit war stets gefährdet, weil die Einsiedelei zu einem Massenerfolg wurde und sich um sie herum die ersten Klöster bildeten. Die Geschichte der Wüstenväter zeigt: Sondert jemand sich freiwillig ab, dann tendiert die Gemeinschaft dazu, das verirrte Schaf zurückzuholen. Die Sehnsucht nach Zusammenhalt beseelt nicht nur den Einzelnen, sondern ebenso das Kollektiv, auch wenn es den Verlust eines Einzelnen gut verkraften könnte. Und die Isolation ist für Menschen offenbar so entsetzlich, dass eine Person, die sie freiwillig wählt und mit Heiterkeit und Mühelosigkeit aushält, uns fast überirdisch erscheint.

Bleibt also die Frage, warum konnten die Eremiten so mühelos in Einsamkeit leben? Leere zu ertragen ist schwierig, gerade am Anfang. Jeder, der einmal allein in einer stillen Wohnung saß und auf alle Ablenkungen verzichtete, kennt dieses unsichere Gefühl, das sich dann einstellt. Verdrängte Gefühle und Ängste kommen hoch. Man fühlt sich unbehaglich, hat den Eindruck, sein Leben verrinne ungenutzt. Aber wenn wir die anfängliche Unruhe überwunden haben, dann tauchen andere Kräfte in uns auf. Die Emotionen werden tiefer, wir spüren auf einmal unseren Körper bewusster, Erinnerungen, Sehnsüchte. Wir merken, wie lebendig wir sind, wenn wir unsere Sinne schärfen, und dieses Bewusstsein der eigenen Lebendigkeit verleiht Glücksgefühle.

Es gibt in unserem Gehirn eine Region, in der Spiritualität angelegt ist. Alle Völker, alle Kulturen haben eine Religion entwickelt. Sie verehren einen Schöpfer, der seinen Sohn ans Kreuz hat schlagen lassen; sie verehren einen Berg oder betrachten ein Gewitter als Ausdruck eines höheren Wesens. Man kann diesen Glauben teilen oder belächeln. Entscheidend ist, dass der Glaube dem Menschen einen bestimmten Platz zuweist. Einen untergeordneten. Gleichzeitig gibt er ihm die Gewissheit, an etwas Transzendentalem teilzuhaben, Teil einer Ordnung zu sein. Dies verleiht ihm gleichzeitig Größe und Demut – und die Bindung zu einem Wesen, dass ihn nicht enttäuschen und nicht im Stich lassen wird, die spirituelle Verbindung zu einer übergeordneten Macht. Wer diese Verbindung spürt, erfährt dadurch Trost, Sinn und Halt.

160

Wo die Religionen an Einfluss verlieren, besetzen Sekten, Wunderheiler, New-Age-Gurus oder Ernährungsapostel das spirituelle Vakuum. Wir sind keine Proselytenmacher, stehen konfessionellen Grenzen skeptisch gegenüber, aber wir halten das spirituelle Gefühl des Menschen für fundamental. Wer nicht in der »transzendentalen Obdachlosigkeit« verharren will, sollte es ernst nehmen und ausleben. Man kann spirituelle Erlebnisse auch in der Natur, durch Musik, eine erhabene Landschaft oder Ähnliches erfahren. Selbst im Fußballstadion haben Menschen es schon gefunden. Und natürlich haben Kirchen heute viele niedrigschwellige Angebote, die zugleich auch Gemeinschaft mit anderen Menschen bieten. Wichtig ist die Ekstase, Entrücktheit, die uns gleichzeitig unsere Bedeutung zurechtrückt. Wer seine eigene Winzigkeit erkannt hat, der lernt, dankbar zu sein. Verliert man dagegen den Glauben, dann kann das ein bodenloses Gefühl von Einsamkeit auslösen.

Ich, Christian Försch, erinnere mich, welch starke Verbindung zu Gott ich spürte. Sie ließ mich jeden Augenblick meines Lebens als wertvoll und bedeutsam erleben. Alle Ängste und Qualen wurden erträglich, weil sie einem höheren Sinn dienten, läuternd wirkten. Ich spürte Gott in jedem Grashalm und in jeder lauen Luft, die über meine Haut strich. Und aus dieser Verbindung zog ich Lebenssinn, Glück, Kraft und ein Gefühl von universeller Geborgenheit. Entsprechend verstört war ich, als ich den Glauben verlor. Ich fühlte mich nicht nur von meinen Erziehern und Eltern betrogen, ich empfand mich selbst als Verräter und Heuchler in der Kirche, die ich anfangs noch aus Gewohnheit und Angst vor Ächtung aufsuchte. Als ich mich dann doch zu meinem Atheismus bekannte und nicht mehr hinging, empfand ich mich als Ausgestoßener. Auch in der Familie stieß meine Abtrünnigkeit auf Ablehnung. Da

161

mein erfülltes Weltbild zusammenbrach, sah ich überall nur noch Leid und Grausamkeit, ohne jeden Sinn oder Rechtfertigung. Die Menschheitsgeschichte war eine Abfolge von Metzeleien, die ihren Höhepunkt im bevorstehenden Nuklearkrieg finden würde. Dies passierte in der Zeit, als ich die morgendlichen Prügel kassierte. Und deshalb wurden diese Prügel für mich auch unerträglich. Ich erwartete mir von Gott keine Hilfe mehr, hatte Todesangst – und schlug selbst zurück. Die beiden Brüder waren sprachlos und rührten mich fortan nicht mehr an.

Der Manager in den Alpen

Nathaniel merkte, dass es eng wurde. Vor ihm lag ein steiles Geröllfeld, das er erklimmen musste, ehe das Gewitter losbrach. Also verschärfte er das Tempo, während Böen an seinem Rucksack rissen, aber nach wenigen Metern schon geriet er außer Atem. Kalte Wut stieg in ihm auf. »Früher wäre ich da locker hinaufgetrabt«, dachte er.

Nathaniel war 37, ein halbes Jahr zuvor hatte er einen leichten Herzinfarkt gehabt. Seitdem funktionierte nichts mehr in seinem Leben. Und weil er es zu Hause und in der Reha nicht mehr ausgehalten hatte, war er einfach losgegangen. Er war auf einem Fernwanderweg durch die Alpen unterwegs, von München nach Venedig, die heutige Etappe sollte fünf Stunden dauern. Sieben waren es geworden, und noch war er nicht am Ziel. Blitze griffen nach den Bäumen der Höhenwälder.

Nathaniel setzte den Rucksack ab und legte sein Regencape an. Als es anfing zu gießen, brüllte er seine Wut hinaus. Warum hatte ihm der Infarkt nicht einfach den Garaus gemacht? Es war lächerlich, *er* war lächerlich, ein Mann von 37

162

Jahren, der sein Leben lang Sport getrieben, nicht geraucht, kaum Alkohol getrunken hatte, der sich alles mit Disziplin und Verzicht erarbeitet hatte, seine Karriere, die Familie, das Haus, ein glückliches Leben. Und dann verschließt sich ein Blutgefäß, weiß der Himmel, warum, und er ist ein Wrack.

Der Regen war so stark, dass er kaum noch etwas sah. Er rutschte vorwärts über die glitschigen Granitsteine, dann schlug er hin. Zum Glück hatte er sich nichts getan. Aber vor ihm lag ein Kamm, wenn er dort den Halt verlor, würde er in die Tiefe stürzen. Was sollte er tun, dachte er am Boden kauernd. Umkehren? Das Gewitter abwarten? Aber bald brach die Nacht herein, er hatte kaum Proviant mehr, nirgendwo gab es Schutz. Seine Frau daheim bewässerte jetzt noch einmal mit dem Schlauch den Garten, später würde sie auf der Couch sitzen, ein Glas Wein trinken. Plötzlich fehlte ihm das alles, sein Zuhause, seine Kinder, seine Frau, die er in den letzten Monaten nur noch angeschnauzt hatte und auf die er wütend gewesen war. Seit er aus der Reha zurückgekommen und schließlich auch aus der Firma ausgeschieden war, hatte er nichts und niemanden mehr ertragen. Wer immer ihn ansprach, fragte, wie es ihm gehe, was er vorhabe, bekam seine Wut zu spüren. Wie soll es mir schon gehen? Was soll ich schon vorhaben?

Er zog sein Handy heraus, natürlich gab es kein Netz hier. Er blieb noch eine Weile unschlüssig kauernd sitzen, da entdeckte er etwas weiter unten einen Schimmer. Vorsichtig stieg er ab, dem Licht entgegen. Als sich im Dunst allmählich eine Hütte abzeichnete, wurde sein Schritt leichter. Er begann fast zu rennen, doch dann spürte er wieder sein Herz, und die Beklemmung stieg in ihm auf. Schließlich erreichte er die Schutzhütte und hämmerte an die grob gezimmerte Tür. Ein alter Mann öffnete. »Bei dem Wetter? Berge sind nichts

163

für euren Jux.« Nathaniel war zu erschöpft, um etwas zu erwidern. Im offenen Kamin loderte ein Feuer. Er zog sich die nassen Klamotten vom Leib, und der Alte brachte eine Decke. Er stellte sich knapp als Erich vor, dann hängte er einen Wasserkessel über das Feuer und ließ seinen Gast vor dem Feuer Platz nehmen. Die Hütte bestand aus zwei Räumen. In der Wohnküche hingen alte Töpfe und Gerätschaften, über dem Kamin Klamotten und Kräuter. Erich brühte den Tee auf und streckte die dampfende Tasse in Nathaniels Richtung. Er holte eine Flasche Rum, wartete auf das Nicken und goss den Alkohol in Nathaniels Tee. Der Alte lachte. Und in diesem Lachen lag etwas, das Nathaniel nicht verstand, das ihn aber ansteckte. Sein Zittern und sein Lachen schüttelten ihn gleichzeitig. Der Alte machte ihm ein Lager in der Wohnküche zurecht, aus groben Wolldecken und einem Kopfkissen, das Nathaniel so flauschig vorkam wie keines zuvor in seinem Leben.

Er hörte den Wind heulen und den Regen gegen die Schindeln klatschen, während die Wärme langsam bis in die Fußspitzen wanderte. Plötzlich fühlte er sich pudelwohl, aber da war noch etwas anderes: Er fühlte sich wieder zu Hause in seinem Körper. Er hörte das Herz langsam und stetig pochen, und plötzlich erschreckte ihn das nicht mehr. Er dachte an die Stunden beim Kardiotraining und in der Therapiegruppe, wie er sich innerlich über die anderen amüsiert und gedacht hatte: Ich gehöre hier nicht hin. Die anderen sind alt und krank, ich nicht. Er war bockig gewesen wie ein Kleinkind. Und er wollte trainieren, bis sein Herz wieder so leistungsfähig war wie früher. Damit hätte er sich fast umgebracht. In einem Gefühl von Dankbarkeit schlief er ein.

Am nächsten Morgen wurde Nathaniel vom Tageslicht geweckt. Sonnenstrahlen kämpften sich durch die Wolken

164

und malten Punkte auf die Bergrücken. Erich hatten draußen ein Frühstück hergerichtet. Er begrüßte Nathaniel mit der Frage: »Kaffee oder Tee?«

»Sie haben sogar Kaffee hier oben?«

»Ich habe alles, was man braucht.«

Der Alte setzte sich zu ihm und betrachtete ihn. »Na, dann erzählen Sie mal«, sagte er.

»Was soll ich erzählen?«

»Was Sie wollen. Was hat Sie zum Beispiel geritten, bei Gewitter einen solchen Aufstieg anzugehen?«

Nathaniel erzählte. Er erzählte alles, vom Tag des Infarkts, über die Kardio-Gruppe, das leichte Wandern, seine Wut, seine Familie.

Dann schwiegen sie eine Weile, und Nathaniel hatte es plötzlich nicht mehr eilig. Gestern hatte er sich noch Sorgen gemacht, er könne einen Tag verlieren.

»Geht Ihnen nicht manchmal die Stadt ab?«, fragte er.

»In der Stadt sind zu viele Dinge, die Menschen gemacht haben«, antwortete der Alte.

Als Nathaniel aufbrach, stieg die Feuchtigkeit dampfend die Berghänge hoch. Er hatte nie etwas Erhaberes gesehen. Er ging los, leicht wie ein Kind. Langsam stieg er den Hang hinauf, fand seinen Rhythmus, einen neuen, ein, aus, ein, aus, das Atmen machte ihm Freude, jeder Luftzug schien seine Lungen zu weiten. Nun wurden die Wolken wie Vorhänge beiseitegezogen, tauchten die Flanken und Kamine der Felsen in glänzendes Sonnenlicht. Er hatte das Gefühl, durch eine Traumlandschaft zu wandeln, unendlich klein und doch Teil eines gewaltigen Kosmos. Er hätte in der Nacht ohne Weiteres erfrieren oder abstürzen können, es hätte keinen der Berge um ein Jota verrückt. Sein Herz schlug, langsam und zuverlässig, aber es konnte auch jeden Augenblick stehen bleiben. Der Gedanke erschreckte Nathaniel nicht mehr. Merkwürdig. Er spürte eine Ordnung, mit der er einverstanden war. Wie lächerlich ernst ich mich genommen habe, dachte er. Gefühle brachen in ihm auf, die er längst vergessen hatte, Dankbarkeit, Demut, Scham. Er hatte es plötzlich wieder eilig, aber nur, um sich bei seiner Frau und seinen Kindern zu entschuldigen. Er ging weiter, fühlte sich glücklich in seinem Körper und wusste, dass er geheilt war.

Glück hängt von der Fähigkeit ab, Freude zu empfinden. Und Dankbarkeit ist eine gute Grundlage dafür. Denn wer dankbar ist – auch für die kleinsten Erlebnisse, für die kleinste Wohltat, für eine freundliche Geste, ein Stück Brot, einen Schluck Wasser –, der entdeckt in seinem Leben einen unerschöpflichen Reichtum. Oft sind wir unzufrieden und unglücklich, auch über unsere Beziehungen, weil wir auf unsere Ziele fixiert sind: das, was wir (noch) nicht haben. Dabei vergessen wir zu oft, was wir gerade genießen könnten, was uns selbstverständlich zur Verfügung steht.

Manchmal müssen wir so elementare Bedürfnisse wie Hunger, Durst oder Kälte spüren, um uns an sinnlichen Erlebnissen zu erfreuen und die Dankbarkeit wiederzuentdecken.

Der Anblick einer erhabenen Landschaft wie Wüste, Ozean oder Hochgebirge, aber auch das Betrachten von Kunst oder der Klang einer Sinfonie können uns in einen besonderen Zustand versetzen. Und der intensivste Augenblick in der Musik ist die Stille. Wir lernen, zu schauen, zu staunen, uns selbst wahrzunehmen oder zu verlieren und dadurch von Nichtigkeiten abzusehen. In der Natur gewinnen wir Abstand zu unserem Leben, auch von der Zivilisation. Wir werden reduziert auf kreatürliche Grundbedürfnisse, auf elementare

166

Gesetze, die bürokratischen und finanziellen Sorgen, Termindruck und Reizüberflutung durch Digitaltechnik weichen einem »natürlichen« Rhythmus. Langsamkeit kann auf einmal in Rausch und Befreiung führen.

Manchmal reicht sogar ein kleiner Spaziergang in den nächsten Park, an einem Flussufer, auf einem belebten Platz. In jüngster Zeit hat man in zahlreichen Studien die Wirkung von Natur auf Gemüt und Gesundheit des Menschen untersucht. Die Ergebnisse sind ebenso eindeutig wie verblüffend. So hat man in München festgestellt: je mehr Grünflächen in der jeweiligen Wohngegend, desto geringer der Blutdruck der dort lebenden Kinder[24]. Eine längere Wanderung, vorausgesetzt sie führt durchs Grüne, vermindert Ängste, depressive Stimmung und den Hang zum Grübeln, verbessert sogar Denkvermögen und Kreativität.

»Das Naturerlebnis bewirkt Glück, Zufriedenheit und Gesundheit. Im Hinblick auf unser Thema ist jedoch von größerer Bedeutung, dass sich das Naturerlebnis auch günstig auf den sozialen Zusammenhalt einer Gemeinschaft auswirkt«, schreibt Manfred Spitzer[25].

Zu den Folgen gehört nämlich auch, dass man dem Nächsten mit mehr Offenheit und Vertrauen begegnet.

Wir schleppen einen gewaltigen Ballast durchs Leben. Dinge, die wir für Komfort oder Luxus halten, bedrücken uns. Konsumgüter verstopfen unsere Kanäle, unsere Räume, unsere Wahrnehmung, unseren Geist. Wir kommen nicht dazu, uns auf das Wesentliche zu besinnen. Und das ist kostenlos: Sauerstoff, Wasser, Zeit. Wir verschwenden unsere Energie oft an Zerstreuungen, lassen uns Bedürfnisse einreden, die reine Illusion sind. Und wenn dieser Komfort gefährdet ist, überwältigt uns Angst. Angst, die uns manipuliert und Stress verursacht.

Es ist wissenschaftlich nachgewiesen, dass glücklicher ist, wer dankbar ist[26]. Und die meisten von uns haben allen Grund, dankbar zu sein.

Es liegt uns fern, Schicksalsschläge und das Unheil in der Welt kleinzureden, wir sind keine Schönfärber, aber ein allein negativer Blick auf die Welt macht die Welt nicht besser und wird dem Leben auch nicht gerecht. Sie führt eher zu Ohnmachtsgefühlen und Lähmung. Es gibt nichts, was uns per se zustünde, weder Gesundheit noch materieller Reichtum, Altersvorsorge und ein wohl temperiertes Klima. Unser Leben hängt vielleicht von der »Schöpfung«, vielleicht von ein paar kosmischen Zufällen ab, die einen Planeten mit Wasser erschaffen haben. Unseren Lebensraum. Dass wir an diesem Zufall teilhaben dürfen, können wir als Glück ansehen oder als Kreuz. Es hängt von unserer Perspektive ab.

7. Weg

Erkennen Sie, was wesentlich ist

Dass es bei allen Wegen aus der Einsamkeit nicht ohne Veränderung geht, ist klar geworden. Helfen kann uns dabei ein ganz besonderes Gefühl. Hirnscans zeigen, dass fast alle Menschen religiöse Gefühle haben. Diese Gefühle setzen ungeheure Energien frei, die wir nutzen können, um unser Leben neu auszurichten.

Es geht dabei nicht notwendigerweise um Religion, sondern um berauschende Emotionen, die jeder schon erlebt hat: auf einem verschneiten Berggipfel, beim Blick über den aufgewühlten Ozean, beim Hören einer Sinfonie oder

168

beim Blick in das zerknautschte Gesicht eines Neugeborenen.

Dieses erhabene Gefühl können wir kultivieren. Dazu ist keine Konfession, keine Liturgie notwendig. Wir können eine tiefe Harmonie empfinden, verzückt und entrückt sein. Unser Verstand stößt an Grenzen, die das Gefühl überwindet. In solchen Momenten gehen wir ganz im Augenblick auf, haben ein Gefühl für uns – und für andere. Wir fühlen uns klein und gleichzeitig geborgen in einer harmonischen Ordnung. Dann sind wir in einem tieferen Sinn nicht einsam, sondern verbunden mit allem und allen, die uns umgeben. Und dann werden wir vielleicht dankbar und demütig. Unsere Sorgen und Frustrationen erscheinen uns unbedeutend. Unerfüllte Wünsche quälen uns nicht mehr.

Wir freuen uns plötzlich über den erstbesten Menschen, den wir sehen, erfreuen uns an einem Glas Wasser, an der Silhouette eines Vogels. Wir spüren das Bedürfnis, diese Gefühle zu teilen und mitzuteilen. Wenn wir sehen, dass ein anderer, ebenfalls gebannt, das Panorama betrachtet oder unser Sitznachbar genauso über das Tor jubelt, dann fällt unsere Schüchternheit womöglich von uns ab. »Unglaublich, oder?«, sagen wir vielleicht, und ein Gespräch beginnt.

Solche Momente der Spiritualität oder des Hochgefühls zeigen uns aber auch, was wir wirklich brauchen im Leben, was unserem Leben Sinn verleiht. Trennen Sie sich von Gegenständen, Gewohnheiten, Ablenkungen, mit denen Sie sich verzetteln. Gehen Sie in die Natur, um sich zu regenerieren, um Abstand zu gewinnen, sich zu sammeln. Auch Kunst, Musik, Meditation helfen dabei, den inneren Reichtum wiederzuentdecken. Gehen Sie in ein Konzert oder in eine Ausstellung. Unternehmen Sie eine Bergtour, allein oder in Gesellschaft, oder auch nur einen langen Spaziergang (Wandergruppen gibt es für jedes Alter und nahezu jedes körperliche Niveau). Oder fahren Sie ans Meer, an einen See, versenken Sie sich in den Anblick einer Landschaft.

Wenn Sie sich Reisen oder Kulturveranstaltungen aus gesundheitlichen oder finanziellen Gründen nicht leisten können, dann holen Sie sich Pflanzen und Tiere in die Wohnung, betrachten Sie den nächtlichen Sternenhimmel, hören Sie aufmerksam Musik.

Zu einem neuen Miteinander

Wie wollen wir miteinander leben?

Immer ist die wichtigste Stunde die gegenwärtige;
immer ist der wichtigste Mensch der,
der dir gerade gegenübersteht;
immer ist die wichtigste Tat die Liebe.

Meister Eckhart

Der Goldschmied

»Wie früher«, dachte Herbert Schauner beglückt. In der Wohnung war Leben. Seine Tochter Angelika kam mit der Kaffeekanne aus der Küche, seine Söhne Peter und Gerd saßen am Esstisch, im Garten blühte die Linde, sie feierten den Geburtstag seiner Lieblingsenkelin Sophie nach.

»Papa. Da wir jetzt schon einmal beieinander sind, wollten wir mit dir über die Zukunft reden«, sagte Angelika.

»Was gibt es da zu bereden?«, fragte Herbert. Seit sechzig Jahren stand er Tag für Tag als Goldschmied in seiner Werkstatt. Seine Arbeit machte ihm Freude, ebenso wie den Kun-

den. Er war präzise, zuverlässig und preiswert. Nur ein bisschen langsamer als früher. Er brauchte seine Ruhepausen, das
war alles.

»Wir drei, Peter, Gerd und ich, leben zu weit weg. Wenn
dir einmal etwas passieren sollte, dann können wir dir nicht
so einfach beispringen.«

»Noch ist ja nichts passiert.«

»Aber irgendwann wirst du Hilfe brauchen.«

»Dann können wir immer noch darüber reden.«

»Und wenn es dann zu spät ist?«

Was meinte Angelika? Er hatte zwar in letzter Zeit manchmal ein etwas merkwürdiges Gefühl im Kopf, immer öfter
fielen ihm Wörter nicht mehr ein, aber er wusste sehr wohl,
wie es um ihn stand und was er sich wünschte. Sicher keinen
Heimplatz.

»Und was ist eigentlich mit dem Haus? Das ist kein Zustand,
der ewig so weitergehen kann«, sagte Peter.

Allmählich verstand Herbert. »Um mein Haus geht es
euch?«

»Unsinn. Aber du musst zugeben, dass deine Mieteinnah-
men und die ganze Konstellation nicht mehr zeitgemäß sind.«

Herbert hatte den Gründerzeitbau vor vierzig Jahren gekauft, halb verfallen, für ein Butterbrot. Dann hatte er ihn
mit viel Liebe und seiner ganzen Handwerkskunst zu einem
Schmuckstück gemacht. Das Stadtzentrum war in eine Fuß-
gängerzone verwandelt worden, seine Straße in eine Einkaufs-
meile, und nun war das Haus Millionen wert.

»Was meint ihr?«

»Der Laden unten. Wie viel Miete nimmst du für ihn ein?«

»Ihr wisst, dass die beiden Damen kaum Umsatz machen.
Mehr können sie nicht zahlen.«

»Genau das meinen wir. Ein altmodischer Ramschladen …«

»Papierwaren. Hier gehen täglich Schulkinder ein und aus.«

»Und geben ein paar Cent aus, wenn sie nicht klauen.«

»Das lasst mal die Sorge der beiden Betreiberinnen sein. Sie sind hier schon seit fünfundzwanzig Jahren drin, sie sind mir ans Herz gewachsen.«

»Und der Student im Parterre? Ist er dir nach einem Semester auch schon ans Herz gewachsen?«

Herbert wollte erwidern, dass der junge Mann ein Händchen für Pflanzen hatte, den Rasen und die Bäume pflegte. Das war nicht mit Gold aufzuwiegen. Aber was sollte die Diskussion?

»Die Welt, in der du lebst, gibt es nicht mehr«, sagte Angelika.

»Solange ich lebe, gibt es sie«, hob Herbert die Stimme. »Wir haben jedem von euch ein Studium finanziert, ihr verdient ordentlich in eurem Beruf, habt keine finanziellen Sorgen. Ich will meine Enkelin feiern, nicht streiten.«

»Und wir wollen nicht, dass du unser Erbe verschleuderst. Das Haus muss vielleicht demnächst saniert werden. Kannst du mir sagen, wie das …« Gerd sprach den Satz nicht zu Ende, denn Herbert hob den Arm, das heißt, er versuchte es, aber er konnte ihn nicht bewegen, auch Zunge und Kiefer nicht. Er kippte zur Seite und sah, wie Handys hervorgeholt wurden, wie seine erwachsenen Kinder und die Schwiegerkinder miteinander stritten, während man ihn packte, auf den Stuhl hob und schließlich wegtrug.

Herbert wollte nicht, dass Sophies Fest platzte. Ihm war nur ein wenig übel geworden, er hatte sich zu sehr aufgeregt. Er wurde auf einer Trage fixiert und in einen Krankenwagen geladen, man stülpte ihm eine Sauerstoffmaske über.

Als er wieder zu sich kam, war er immer noch fixiert, die Gurte scheuerten an seinen Armen. Zu dem Arzt, der hereinkam, sagte er: »Ich falle schon nicht aus dem Bett. Machen Sie mich los!«

Der Doktor nickte – und beließ es dabei.

»Wo bin ich?«

Der Arzt fühlte seinen Puls und zählte stumm.

»Sagen Sie mir auf der Stelle, in welchem Krankenhaus und in welcher Abteilung ich bin.«

Der Arzt nannte den Namen. Geschlossene Psychiatrie.

»Mir fehlt nichts. Ich will nach Hause.«

»Sie hatten einen Zusammenbruch.«

»Aber ich bin nicht verrückt«, sagte Herbert.

»Niemand behauptet das.«

»Warum bin ich dann in der Psychiatrie? Wer hat das veranlasst? Ich hatte einen Kreislaufkollaps.«

»Das ist es wohl nicht allein.«

»Sondern? Haben Sie meinen Hausarzt gesprochen?«, schrie Herbert.

»Nicht aufregen. Ihr Blutdruck entgleist sonst wieder.«

»Wer hat mich hierher überwiesen? Mit wem haben Sie gesprochen?«

»Ihre Tochter …«

»Angelika?« Herbert lief ein Schauer über den Rücken. »Hat meine Tochter veranlasst, dass ich in die Psychiatrie eingeliefert wurde?« War das möglich? Das Fest, die Diskussion, hatten sie das alles von langer Hand vorbereitet? Hatte er sich so in seinen Kindern getäuscht? Nein, das konnte nicht sein.

Der Arzt zog eine Spritze auf und stach in seinen Arm. »Wir wollen Ihnen helfen.«

Herbert erfasste plötzlich panische Angst, er riss an der Fessel. Der Arzt traf die Vene nicht und betätigte die Klingel. Zwei Männer kamen herein, hielten Herberts Unterarm fest wie in einem Schraubstock, und dann stach der Doktor zu. Herbert spürte eine dumpfe Müdigkeit. Das Letzte, woran er sich erinnern konnte, war das Nicken des Arztes.

Die Ökonomie bestimmt unser Leben in nahezu allen Bereichen, der freie Markt regelt unser Zusammenleben. Konkurrenz belebt das Geschäft, der Beste und Stärkste wird sich durchsetzen. Aber wenn wir die – zugegebenermaßen extreme, aber leider wahre – Geschichte von Herbert hören, sind wir entsetzt über das Handeln der Kinder, unser Empfinden für Recht und Unrecht zeigt uns eindeutig, dass die Kinder falsch gehandelt haben. Warum? Weil wir wissen, dass sich der Wert eines Menschen nicht nach seinem ökonomischen Nutzen berechnen lässt. Eine banale Feststellung, doch in Zeiten der Privatisierung und Durchrationalisierung aller Lebensbereiche, von der Kinderkrippe bis zum Altersheim, ist sie notwenig.

Herbert war das menschliche Klima der Hausgemeinschaft wichtiger als der Profit. Die Kinder hatten den Eindruck, das geschehe auf »ihre Kosten«. Seine zeitweise Verwirrtheit hielten sie, in Kombination mit seinen »unvernünftigen« Geschäftspraktiken, für ein Zeichen von geistiger Zerrüttung. Später stellte sich heraus, dass Herbert unter TIA litt, also Gedächtnisausfällen durch kurzzeitige Durchblutungsstörungen im Gehirn. Die beiden alten Damen, die den Papierwarenladen betrieben, taten sich zum Glück mit dem Hausarzt zusammen und setzten eine umfassende Diagnostik durch.

Wir rebellieren gegen das Verhalten von Herberts Kindern, weil es uns ungerecht erscheint und damit einem tief im Menschen verwurzelten Bedürfnis widerspricht. Spieltheorie und andere psychologische Tests haben nämlich gezeigt, dass sich etwa siebzig Prozent der Menschen für Gerechtigkeit einsetzen, sogar wenn sie anonym agieren. Und auch die Weltreligionen gehen davon aus, dass Fehlverhalten gesühnt und Tugend belohnt wird.

»Von den Millionen Seiten, die im Lauf der Jahrhunderte über die menschliche Natur geschrieben wurden, sind keine so düster wie die in den letzten drei Jahrzehnten – und keine so falsch. Wir lesen dort, dass wir egoistische Gene hätten, dass menschliche Güte nur Heuchelei sei und dass wir uns lediglich moralisch verhalten, um andere zu beeindrucken. Aber wenn das eigene Wohlergehen alles ist, um was sich Menschen kümmern, warum weint dann ein wenige Tage altes Baby, wenn es andere kreischen hört? Damit fängt die Einfühlung an. Sie ist vielleicht noch nicht sehr ausgefeilt, aber wir können sicher sein, dass ein Neugeborenes nicht versucht, Eindruck zu schinden«, schreibt der Zoologe De Waal.[27]

Jüngste Untersuchungen zeigen auch, dass das Belohnungssystem im menschlichen Gehirn stärker anspringt, wenn wir etwas für andere tun als für uns selbst. Schenkt man Testpersonen Geld, das sie ausgeben sollen, dann ist ihr Wohlbefinden weniger von der Höhe der Summe abhängig, als vielmehr von der Person, für die sie das Geld investieren. Kaufen sie sich selbst etwas, wird ihr Glücksgefühl nicht nachhaltig gesteigert. Machen sie jemand anderem eine Freude, dann ist es das durchaus.

Auch unser Bild vom Urmenschen, der angeblich durch rücksichtsloses triebgesteuertes Verhalten sein Erbgut weiterentwickelte, ist falsch, wie der Fund eines 50 000 Jahre alten Primatenschädels beweist: Shanidar 1, der im heutigen Irak lebte. Dieser Shanidar 1 hat ein für die damalige Zeit gesegnetes Alter erreicht: über vierzig. Das Besondere an ihm ist jedoch, dass er schwerbehindert war: Ihm fehlte ein Unterarm, er humpelte, sah schlecht, hörte fast nichts. Auf Wanderschaft ein Klotz am Bein, bei der Jagd nicht zu gebrauchen. Warum schleppte man ihn dann mit? Warum sorgte man bis ins hohe Alter für ihn? Die Antwort lautet: weil Kooperation die größte Stärke unserer Spezies ist. Weil das extreme Wachstum unseres Gehirns nicht nur »kalte« Kognition, sondern komplexere menschliche Werte förderte.

All dies erklärt, warum die meisten von uns lieber bei Herbert als bei seinen findigen Kindern leben würden. Instinktiv wäre uns die Geborgenheit in der Gruppe lieber als ein Goldschatz auf unserer Privatbank. Unser Bedürfnis nach Gemeinschaft ist die Basis der menschlichen Gesellschaft. Und die Kehrseite der Medaille ist das quälende Gefühl der Einsamkeit, wenn das Miteinander fehlt. Für Herbert, der eingebettet in einer über Jahrzehnte gewachsenen Gemeinschaft gelebt hat, kam die Einsamkeit plötzlich, als er, aufs Bett fixiert, in der Psychiatrie erwachte und ihm der Verrat seiner Kinder bewusst wurde.

Der Umgang mit den Alten und Schwachen ist ein Indikator dafür, wie es in unserer Gesellschaft um die Menschlichkeit bestellt ist. Selbst Bereiche und Institutionen, die früher mit Barmherzigkeit und Mildtätigkeit assoziiert wurden, mit dem selbstlosen Einsatz von meist aus religiösen Orden stammenden Schwestern, sind heute an Rendite gekoppelt. Und der Generationenkonflikt, der Herberts Familie entzweite, scheint heute erbitterter geführt zu werden als früher. In den letzten Jahrzehnten hat sich unser Familienmodell grundlegend gewandelt. Von der Groß- zur Kleinfamilie und Kleinstfamilie. Jeder dritte über Fünfundsechzigjährige lebt allein. Und bei dieser Gruppe ist die Suizidrate doppelt so hoch wie im Rest der Bevölkerung, bei den über Achtzigjährigen viermal so hoch. Immer größer wird auch der Anteil derjenigen, die in Alters- oder Pflegeheimen landen. Oft gegen ihren Willen. Laut Bericht der AOK bekommt jeder dritte der 800 000 Pflegeheimbewohner in Deutschland regelmäßig Psychopharmaka. Der Verdacht ist, dass die Menschen einfach ruhiggestellt werden. Eine Droge ersetzt das Lebensglück und vereinfacht die »Pflege«.

Früher galten Erfahrung und Wissen der Alten als Schatz, der an die junge Generation vererbt wurde. Heute, in Zeiten der Mobilität und des rasanten Technologiewandels, werden sie als Bremsklotz empfunden, ihr Wissen entwertet. Was man brauchen kann, ist – zynisch formuliert – der materielle Schatz, den diese Generation angehäuft hat, nicht der immaterielle. Doch das ist ein enormer Verlust. Die Großelterngeneration kann eine alternative Sicht auf das Leben eröffnen, sie hat ein anderes Zeitempfinden und weiß, im Rückblick auf mehrere Dekaden, was sich als wesentlicher Wert im Leben erwiesen hat oder nur eine kurzlebige Freude war. Warum sollte man die Großeltern in Altersheimen kasernieren? Warum den Kontakt zu den jüngeren Generationen abschneiden? Weil die Alten anstrengend sind? Von der heutigen Zeit keine Ahnung haben? Oder ist nicht ein viel tiefer liegender und grausamerer Grund entscheidend? Können wir nicht vielleicht den Anblick des Alters so schlecht ertragen, weil er uns an etwas erinnert, das wir gerne verdrängen möchten: dass wir sterben werden?

»Niemals zuvor in der Geschichte der Menschheit wurden Sterbende so hygienisch hinter die Kulissen des gesellschaftlichen Lebens fortgeschafft; niemals zuvor wurden menschliche Leichen so geruchlos und mit solcher technischen Perfektion aus dem Sterbezimmer ins Grab expediert«, schrieb Norbert Elias bereits vor Jahrzehnten.[28]

Manche Psychologen und Soziologen meinen, unsere moderne Gesellschaft tendiere auf pathologische Weise zu Narzissmus und Verdrängung.[29] Das Gemeinwesen krankt, das spüren nicht nur die Alten. »In Deutschland gelten acht Millionen Menschen als behandlungsbedürftig psychisch krank, 1,2 Millionen sind Jahr für Jahr in Behandlung. Jeder Dritte leidet einmal im Leben an einer Depression. (…) Psychische Krankheiten sind eine moderne Epidemie«, schreibt der Therapeut Peter Dogs.[30]

Bei der jungen Generation sind die Tendenzen noch eklatanter: »Neuere repräsentative Untersuchungen zeigen, dass knapp über fünfzig Prozent der Jugendlichen in Deutschland chronische psychosomatische Gesundheitsstörungen aufweisen. Studien, welche die Rate ›harter‹ psychiatrischer Störungen ermittelten, kommen bei Jugendlichen auf Anteile von über fünfzehn Prozent mit krankheitswertigen Depressionen, Angststörungen, Essstörungen oder Auffälligkeiten aus dem Spektrum der Borderline-Störung.«[31]

Es ist schwer, pauschal über die Entwicklung einer Gesellschaft zu urteilen. Wer weiß schon, ob es »uns« früher besser ging oder ob »wir«, wie manche behaupten, schlichtweg besser darin waren, die Zähne zusammenzubeißen. Der Eindruck ist jedoch, dass die westlichen Länder noch nie reicher und gleichzeitig seelisch zerrütteter waren.

Und wohin geht die Tendenz? Folgen wir, wie so oft, den USA? Dort sinkt neuerdings (erstmals seit der Spanischen Grippe 1918) wieder die Lebenserwartung, weil die Zahl der Drogentoten und Selbstmörder auf immer neue Rekordwerte ansteigt.[32]

Südkorea, das sich innerhalb von fünfzig Jahren von einem der ärmsten Agrarländer in eine technologische Supermacht verwandelt hat, wo Leistungsdenken und Digitalisierung noch stärker den Alltag beherrschen als in Westeuropa, liegt bei den OECD-Staaten inzwischen an der Spitze der Selbstmordrate. Senioren nehmen sich dort das Leben, weil sie sich als Last empfinden und vereinsamen. Die Jugendlichen dagegen leiden unter extremem Konkurrenz- und Leistungsdruck. Schon in den ersten Schuljahren entscheidet der Notenschnitt, wie eine Biografie verläuft. Ein Plan B ist nicht vorgesehen, Scheitern gilt als Schande. Der Leidensdruck ist so groß, dass das Bildungsministerium die Smartphones der Schüler inzwischen systematisch durchleuchtet, um Suizidtendenzen zuvorzukommen. In Seoul sind die U-Bahn-Gleise mit Glasbarrieren gesichert. Auf der Mapo-Brücke schlagen Sensoren an, sobald ein Fußgänger verdächtig lange verweilt. Dann werden Lichter, lebensbejahende Bilder und Videosequenzen aktiviert, um den potenziellen Selbstmörder vom Sprung in den Tod abzuhalten. Wie hoch die Suizidrate tatsächlich ist, weiß keiner, denn angeblich werden Gruppenselbstmorde von Jugendlichen vor Presse und Statistikern geheim gehalten.

In Japan schließlich führt die Vereinsamung der Alten (1980 lebte jeder zweite Senior mit seinen Kindern zusammen, heute weniger als zwanzig Prozent) nicht nur in den Selbstmord, sondern immer häufiger auch in den Knast. Rentner werden dort zunehmend kriminell, weil sie sich im Gefängnis geborgener fühlen als in ihren eigenen vier Wänden.

Das Experiment Kalbe

Dass es auch anders geht, zeigt ein kleiner Ort in Ostdeutschland: Kalbe, Altmark, Sachsen-Anhalt. Ein verschlafenes Nest von sechstausend Seelen, in dem die wunderschönen Fachwerkhäuser und das Schwimmbad verfallen, die Gasthäuser leer stehen. »Strukturschwach« nennt man das, was die Gesetze des freien Marktes aus diesem Landstrich gemacht haben. Die Jungen zogen weg, die Alten zogen sich zurück, vereinsamten.

»Zu DDR-Zeiten saß man vor dem Haus und plauderte mit dem Nachbarn, dann kam die Wende, und jeder verkrümelte sich vor seinen Fernseher und fing an zu konkurrieren: Ich habe das tollere Auto, den schöneren Fernseher …«, sagt Corinna Köbele, die in den Neunzigern als Psychotherapeutin in den Ort kam. »Wenn ich abends nach Hause ging, dachte ich: ›Der hier stirbt in fünf Jahren, der hier in zehn, der hat sich vielleicht in drei Jahren schon tot gesoffen. Und dann lebe ich in einer Geisterstraße.‹«

Corinna Köbele versuchte, die Menschen aus Depression, Lethargie oder Suchterkrankungen zu befreien, merkte aber schnell, dass die Wurzel des Problems meist dasselbe war: Einsamkeit. »Wenn ein bestimmtes Maß an Gemeinschaft unterschritten wird, dann werden die Menschen krank. Die Praxen sind voll mit Patienten, die nicht eine Therapie, sondern Gruppen brauchen. Menschen, bei denen sie sich geborgen und denen Sie sich zugehörig fühlen. In den Hausarztpraxen ist es dasselbe, ich denke, sechzig Prozent der Menschen gehen dahin, um eine freundliche Ansprache, vielleicht ein wenig körperliche Berührung zu bekommen.«

Corinna Köbele beschloss, etwas zu unternehmen. Sie malt und schreibt Gedichte, und beim Besuch der »documenta«, wo amerikanische Künstler ein abbruchreifes Haus bewohnten und eine ungeheure Schaffens- und Lebensfreude entwickelten, kam ihr die Idee: »So etwas müssen wir nach Kalbe holen. Verfallende Häuser haben wir genug, es fehlt das Leben darin.« Sie gründete »Künstlerstadt Kalbe e. V.«, um Kreative aus dem In- und Ausland anzulocken, die Alten und Jungen, Kreativen und Verschnarchten, Schüchternen und Wilden zusammenzubringen. Sie schrieb ein Konzept und zeigte es dem Bürgermeister. »Dem ist erst einmal die Kinnlade runtergeknallt. Minigolfverein, das hätte jeder sofort verstanden, aber eine Künstlerstadt?«, sagt Corinna Köbele lachend. Sie ließ sich aber nicht beirren, ging auf Versammlungen, in Vereine, überall platzierte sie Aufrufe zum Mitmachen.

Der katholische Pfarrer stellte seine Wohnung zur Verfügung, die Wohnungsbaugesellschaft stieg mit ein. Corinna Köbele, die alte Häuser liebt, zu der Gebäude »sprechen«, erweckte Fachwerkhäuser und Gehöfte, Amtsgebäude und Gaststätten aus dem Dornröschenschlaf. Nicht mit Poesie, sondern mit Essigreiniger und Scheuerlappen. »Am Anfang kamen sechs Frauen mit Eimer, Feudel und Wischmopp. Wir räumten Schutt weg, organisierten gebrauchte Möbel.« Im Juni 2013 wurde der Verein gegründet, im Juli kamen schon fünfzehn Stipendiaten. »Wir hatten keinen Cent, haben einfach losgelegt, Firmen Materialien aus den Rippen geleiert.«

Die Künstler überraschten alle. »Das waren keine versifften, Party machenden, morgens nicht aus dem Knick kommenden Bohemiens, sondern bildhübsche fleißige Mädels, die den Jungs den Kopf verdrehten und von morgens bis abends arbeiteten. Sofort eroberten sie die Herzen der Einwohner und lösten tolle Reaktionen aus. Es werden ihnen dauernd Sachen geschenkt, alle guten Gaben aus dem Garten, damit die armen Studenten was zu essen haben.«

Eine Aufbruchsstimmung erfasste den Ort, die Einwohner strömten zu Lesungen und Konzerten. »Ein Popduo aus Köln hat hier wie eine Bombe eingeschlagen«, erinnert sich Corinna Köbele. Anfangs packten vor allem Ältere mit an, Rentner, die keine Kinder mehr zu Hause hatten. Der harte Kern ist um die sechzig, aber inzwischen sind alle Generationen vertreten, auch eine Dame mit neunzig, die noch bis vor Kurzem Syrer und Afghanen in Deutsch unterrichtet hat.

184

Als wir in Kalbe eintreffen, sitzt Corinna Köbele gerade in ihrem »Schnellen Brüter«: ein Kreis aus Klappstühlen auf einer Wiese, direkt neben der Straße. Zwei Armenier, ein paar Deutsche, ein Franzose, Bildhauer, Maler, eine Komponistin, ein Bühnenautor, die Neuankömmlinge im Sommercamp. Es wird über Projekte diskutiert, es werden Ideen gesammelt. Eine alte Dame kommt mit einer Obststiege voller Äpfel. »Bitte«, sagt sie und verteilt sie. »Die habe ich eben erst gepflückt.«

»Wollen Sie sich nicht zu uns setzen?«, fragt Corinna Köbele.

Sie hat viel bewegt in dem kleinen Ort. Sobald die Neugier auf eine Aktion verpufft, zaubert sie etwas Neues aus dem Hut. Kunstautomaten hat sie aufgestellt, Straßenperformances organisiert, Workshops für Jung und Alt. Nun überlegt sie, einen Pub zu eröffnen, damit auch Leute kommen, die sich nicht in Ausstellungen trauen, weil sie Angst vor »Hochkultur« haben, Angst, sich zu blamieren. Denn natürlich bleibt ein harter Kern, der seine Scheu nicht überwindet, der sich nicht aus der Einsamkeit locken lässt, der resigniert hat.

Wir maßen uns nicht an, mit unserem Buch allen Menschen einen Weg aus der Einsamkeit zu weisen. Wer professionelle Hilfe braucht, weil er nicht mehr über das Instrumentarium verfügt, um allein aus Depression oder schwerer psychischer Störung herauszufinden, dem ist mit einem Leitfaden in Buchform nicht geholfen. Aber wir sind der festen Überzeugung, dass fast jeder die Möglichkeit hat, Tag für Tag etwas gegen die Einsamkeit zu tun, so tief diese in seinem Leben und/oder in seiner Persönlichkeit verwurzelt sein mag. Erfahrungen während der Schwangerschaft der Mutter, Veranlagung, frühkindliche Prägungen lassen sich nachträglich nicht mehr löschen, Gene nicht umschreiben, und doch ist Veränderung jederzeit möglich. Denn unser Erbgut ist zwar vorgestanzt, aber welche Gene an- und abgeschaltet werden, wie stark ihre Aktivität und damit ihr Einfluss auf unsere Gedanken, Gefühle und Handlungen ist, das lässt sich beeinflussen. Durch Gedanken, Gefühle und Handlungen. Dort kann man ansetzen, um in den Teufelskreis einzugreifen. Durch kognitives Training lassen sich Schmerzen und Ängste, Zwangsvorstellungen und Traumata überwinden. Dasselbe gilt für extreme Scham- und Angstgefühle, Kränkbarkeit oder ein negatives Selbstbild, die womöglich in die Vereinsamung geführt haben.

Wenn ein Mensch feststellt, dass er einsam oder gar vereinsamt ist, dann ist seine Existenz grundsätzlich aus dem Gleichgewicht geraten. Es erfordert eine bewusste Entscheidung, daran etwas zu ändern. Ähnlich wie bei einer Suchterkrankung oder einer anderen Abhängigkeit sind Willenskraft und Disziplin gefragt. Man muss daran glauben, dass man selbst etwas gestalten kann, nicht zu einem bestimmten Schicksal verdammt ist. Und man muss – pathetisch formuliert – eine Grundsatzentscheidung treffen: für oder gegen das Leben.

Es beginnt damit, dass man eine ehrliche Bilanz zieht, sich das bisherige Leben, unbefriedigte Bedürfnisse, unterdrückte Gefühle, aber auch das Scheitern von Beziehungen ansieht. Selbsterkenntnis ist nötig. Dies kann man mithilfe eines Therapeuten, aber auch allein tun. Man kann Notizen machen, Gedanken und Gefühle aufschreiben und analysieren, man kann sich Gruppen anschließen – in Vereinen, den Kirchen oder bei gemeinnütziger Arbeit. Oder man kontaktiert Freunde, die man verloren hat. Veränderung erfordert Mut – und Demut. Es ist eine schwierige Aufgabe, sich aus seinem Schneckenhaus zu wagen. Man muss auch mit Zurückweisung und Scheitern rechnen, darf einen Misserfolg aber nicht als Schicksal ansehen. Das Scheitern ist Teil des Lernprozesses, schmerzhaft wie das aufgeschlagene Knie beim Fahrradfahren. Jeden Tag haben wir neue Chancen, Menschen kennenzulernen, Beziehungen zu vertiefen.

Leben ist Kontrollverlust, Risiko, die Akzeptanz von Endlichkeit, von Tod, Alterung, Krankheit, negativen Gefühlen, all dem Unangenehmen und Unausweichlichen, vor dem wir uns so gerne verstecken. Wir lassen uns von Versicherungen, der Werbeindustrie, Gurus und politischen Rattenfängern die Illusion verkaufen, es gäbe eine Hintertür, um all dem zu entgehen. Wenn wir aber nicht wagen, das Risiko des Lebens einzugehen, verpassen wir unser Leben. »Wer sein Leben hingibt, der wird es gewinnen«, heißt es in der Bibel. Das kann man religiös oder auch ganz weltlich verstehen.

Die meisten unserer Blockaden rühren von Angst her. Scham, Neid, Minderwertigkeitskomplexe, Schüchternheit, all das fußt auf Angst. Der Angst, nicht geliebt zu werden, die wiederum Teil der Grundangst vor dem Tod ist. Denn wenn wir auf die Welt kommen, sind wir ohne liebevolle Zuwendung dem Tod geweiht. Diese Furcht bleibt uns bis zum Ende erhalten. Wir müssen uns davor schützen, dass diese Angst uns genau ins Gegenteil führt – in soziale Isolation. Gerade wenn wir uns schützen wollen, schaden wir uns. Wie ein Immunsystem, das verrücktspielt.

Wir müssen, wenn Einsamkeit für uns zum Problem geworden ist, die ausgetretenen Pfade verlassen. Alles Vertraute gibt uns ein Gefühl von Sicherheit, oft ist das jedoch trügerisch: Denn das Leben verändert sich stetig, wir können es durch Routinen nicht einfrieren. Wir müssen uns der Angst vor dem Neuen stellen. Unsere Angst wird anfangs das Gefühl der Einsamkeit noch verstärken. Es ist wie mit dem Hunger. Wer seinen Hunger stillen will, muss sich auf Nahrungssuche machen, muss zusätzliche Kalorien verbrauchen, noch mehr Reserven verbrennen. Aber wir können nicht einfach sitzen bleiben und warten. Je länger wir warten, umso weniger Reserven haben wir, umso schwerer wird der Weg. Wer neue Energiequellen auftun will, muss losgehen, die Angst überwinden und sich anderen öffnen.

Jeder Mensch ist einzigartig, gerade auch wegen seiner Geschichte, seiner Bedürfnisse und seiner Grenzen. Er muss nur die Offenheit aufbringen, dieses Innenleben anderen zu zeigen. Dabei muss er Mut beweisen und am besten auch Kenntnis seiner selbst. Oft glauben wir nämlich, wir müssten permanent eine Oberfläche präsentieren, die glänzt und betört. Ein fataler Irrtum. »Das mittelmäßigste selbst Gedachte und mit Überzeugung Gefühlte ist für uns mehr wert als das Vortrefflichste, das wir bloß nachlallen«[33], schrieb Adolph Freiherr von Knigge schon vor 230 Jahren.

Glauben Sie uns, Sie sind ein interessanter Mensch, wenn Sie die interessanten Seiten an sich offenbaren. Denken Sie an die vielen Figuren, deren Schicksale uns in Theaterstücken und Romanen bewegen. Sind sie brillant und perfekt? Nein. Im Gegenteil. Wir fänden die Literatur todlangweilig, wenn es keine Schrullen und Schwächen, Launen und Lächerlichkeiten gäbe. Haben Sie keine Angst, sich lächerlich oder zum Clown zu machen. Wenn Sie kein tragischer Held werden, dann vielleicht ein komischer.

Niemand kann bestimmen, wie Sie sind und leben sollen. *Sie* bestimmen es. Wie in der Geschichte von dem Mann, der seinen Freund auf der Straße trifft:

»Na, was gibt es Neues?«, fragt er ihn.

»Ich habe den Hauptgewinn im Lotto gezogen«, ist die Antwort.

»Und warum schaust du dann so mürrisch drein?«

»Ich hatte zwei Lose. Das zweite war eine Niete.«

Sie stehen morgens auf, entscheiden, worauf Ihr Blick fällt, worauf Sie Ihre Aufmerksamkeit lenken, einen Großteil Ihrer Zeit verwenden, ob Sie sich mit einem Musikstück oder Klatschnachrichten und dem Börsenticker auf den Tag einstimmen, wie und wie lange Sie mit dem Postboten reden, mit der Verkäuferin in der Bäckerei, dem Nachbarn auf der Straße ... In jeder dieser Minisituationen steckt Gestaltungsspielraum, stecken Anknüpfungsmöglichkeiten für Zwischenmenschliches.

Corinna Köbele sagt: »Jeder Mensch hat die Ressourcen, um glücklich zu sein. Eigentlich ist immer alles da, aber oft fehlen die richtigen Verknüpfungen. Ich versuche, meinen Patienten dahinzubringen, die Verknüpfung zu finden, indem ich ihn verwirre, durcheinanderwirble, aus eingefahrenen Bahnen reiße, damit er eine neue Perspektive findet.«

Sie erzählt ein Beispiel: »Einmal hatte ich eine sehr verschlossene Patientin. Plötzlich entdeckte sie eines Tages auf meinem Schreibtisch ein Usambaraveilchen. ›Oh, das ist aber schön!‹, sagte sie, und ich dachte: ›Aha, sie hat wohl ein Faible für Pflanzen. Vielleicht komme ich so an sie ran.‹ Sie brach sich ein Blatt ab, um zu Hause ein Pflänzchen zu ziehen, und fing an, sie zu vermehren. Bald hatte sie so viele Pflanzen in Töpfchen, dass sie keinen Platz mehr hatte und anfing, sie in ihrem Hausflur zu verschenken. Dann war zufällig gerade Adventsmarkt, und sie bot ihre Usambaraveilchen zu einem geringen Betrag zum Kauf an. Inzwischen ist sie Spezialistin für deren Zucht und plant, nach Tansania in die Usambara-Berge zu fahren, weil sie sehen möchte, wie sie in freier Natur wachsen.«

Manchmal reicht eine banale Entdeckung, eine neue Passion, um uns wieder für das Leben zu begeistern, um Interessen zu entwickeln und damit auch für andere Menschen interessant zu werden. Die Natur hilft dabei, Pflanzen, Tiere, jedes Hobby.

»Schön ist eigentlich alles, was man mit Liebe betrachtet«, meint Christian Morgenstern. Und damit sind wir beim Geheimnis unseres Lebens. Wir lernen früh, kritisch zu sein, Dinge zu sezieren, zu analysieren, um überall Verbesserungswürdiges zu finden. Sicher eine wichtige Fähigkeit. Aber in demselben Maße müssen wir empfänglich bleiben für Harmonie, den Zauber des Lebens, die sinnlichen Momente, die Fülle, die wir um uns herum entdecken können. Wir müssen lernen, uns hinzugeben, zu verschmelzen, eins zu werden mit der Natur und dem Mitmenschen.

Wir können unser Leben lang die emotionale Intelligenz weiterentwickeln, das Gespür für uns und andere Menschen. Wir müssen bereit sein, uns überraschen und anstecken zu lassen vom Lachen und Weinen anderer, von ihren Ideen und Leidenschaften. Und wir müssen in uns selbst nach neuem Stoff suchen, Brennstoff für Lebensmut.

In den letzten Jahren hat sich durch Migration, Globalisierung, Informationstechnologie und die weltweite Naturzerstörung unser Gefühl für Gemeinschaft verändert. Wir können es nicht mehr allein aus Blutsbanden oder Gemeindegrenzen speisen. Noch in der vorindustriellen Zeit kannte man praktisch alle Menschen in seinem Umfeld persönlich. Sie wohnten im selben Dorf und glaubten an denselben Gott, hatten dieselben Werte, dieselbe Sprache und pflegten dieselben Gepflogenheiten. Man gehörte zusammen, weil man zusammen war. Heute ist das anders geworden. Inzwischen sind unsere Konstrukte von Gemeinschaft über alle Grenzen der Hautfarbe, Idiome, Essgewohnheiten, Religionen hinausgewachsen. Unser Begriff von Kollektiv hat sich gewandelt.

Wie groß kann ein Nest sein, in dem man noch Nestwärme spürt? Kann man alle Menschen lieben? Oder anders formuliert: Gibt es Freunde, wenn es keinen Feind gibt? Wo sind die zumutbaren Grenzen unseres Vertrauens, unserer Hingabe, unserer Liebe? Wir sind der Meinung: Es gibt sie nicht. Abgrenzen sollten wir uns nur von Menschen, die sich der Kooperation verweigern. Wir brauchen eine »Umwertung aller Werte«. Und ganz oben auf die Prioritätenliste müssen wir das Miteinander setzen. Unser Leben ist mehr als nur Überlebenskampf. Unsere größte Aufgabe ist, Gemeinschaft wieder zu lernen, um die eigene Einsamkeit zu überwinden, nicht in die Einsamkeitsfalle zu tappen oder anderen aus der Einsamkeit zu helfen. Es ist der entscheidende Schritt im Jetzt und die wichtigste Investition in die Zukunft.

Danksagung

Ein Buch zu schreiben ist gewöhnlich eine recht einsame Angelegenheit. Wir wollten zeigen, dass es auch anders geht, und wären damit um ein Haar gescheitert. Dass wir es trotzdem geschafft haben, Buch und Freundschaft zu retten, haben wir auch dem Team des DuMont Verlags zu verdanken, das nicht nur unsere Diskussionen moderiert, sondern das Projekt mit konstruktiven Vorschlägen und viel Geduld bis zum Ende mitgetragen hat.

Zu danken haben wir außerdem einer Vielzahl von Menschen, die uns über die fast fünfjährige Arbeit unterstützt haben, mit sehr persönlichen Geschichten, intimen Gedanken, Einblicken in ihren Alltag oder fachlichem Rat.

Wir hoffen sehr, dass wir ihnen gerecht geworden sind, und danken den Lesern, die uns bis zu diesem Punkt begleitet haben.

Walter Möbius und Christian Försch

Anhang

Literatur

Spezialliteratur Einsamkeit

Cacioppo, John T.; Patrick, William H.: Einsamkeit. Woher sie
kommt, was sie bewirkt, wie man ihr entrinnt. Spektrum
Akademischer Verlag Heidelberg 2011

Spitzer, Manfred: Einsamkeit. Die unerkannte Krankheit.
Schmerzhaft, ansteckend, tödlich. Droemer Verlag München 2018

Svendsen, Lars: Philosophie der Einsamkeit. Verlagshaus Rö-
merweg Wiesbaden 2016

Wlodarek, Eva: Einsam. Vom mutigen Umgang mit einem
schmerzhaften Gefühl. Kösel Verlag München 2015

Weiterführendes Sachbuch

Bauer, Joachim: Prinzip Menschlichkeit. Warum wir von Natur aus kooperieren. Heyne Verlag München 2014

Ders.: Warum ich fühle, was du fühlst. Intuitive Kommunikation und das Geheimnis der Spiegelneurone. Heyne Verlag
München 2016

Carnegie, Dale: Wie man Freunde gewinnt. Die Kunst, beliebt und einflussreich zu werden. Fischer Verlag Frankfurt/M. 2016

Damasio, Antonio R.: Descartes' Irrtum. Fühlen, Denken und das menschliche Gehirn. List Verlag Berlin 2015

De Waal, Frans: Der Affe in uns. Warum wir sind, wie wir sind. Hanser Verlag München 2006

Derrida, Jacques; de Montaigne, Michel: Über die Freundschaft. Suhrkamp Verlag Frankfurt/M. 2000

Dogs, Christian Peter; Poelchau, Nina: Gefühle sind keine Krankheiten. Ullstein Verlag Berlin 2017

Elias, Norbert: Über die Einsamkeit der Sterbenden. Suhrkamp Verlag Frankfurt/M. 2002

Epikur: Philosophie der Freude. Insel Verlag Berlin 2015

Fallon, James: Der Psychopath in mir. Herbigs Verlagsbuchhandlung München 2015

Frankl, Viktor E.: … trotzdem Ja zum Leben sagen. Ein Psychologe erlebt das Konzentrationslager. Kösel Verlag München 2014

Fromm, Erich: Die Kunst des Liebens. Manesse Verlag Zürich 2015

Ders.: Haben oder Sein. Die seelischen Grundlagen einer neuen Gesellschaft. Dtv München 2016

Goleman, John: Emotionale Intelligenz. Dtv München 2015

Haller, Reinhard: Die Macht der Kränkung. Ecowin Verlag Salzburg 2017

Ders.: Nie mehr süchtig sein. Leben in Balance. Ecowin Verlag Salzburg 2017

Holzberg, Oskar: Schlüsselsätze der Liebe. 50 kluge Gedanken, die Ihre Beziehung verbessern können. DuMont Buchverlag Köln 2016

Ders.: Neue Schlüsselsätze der Liebe. DuMont Buchverlag Köln 2017

Katzer, Catarina: Cybermobbing. Wenn das Internet zur Waffe wird. Springer Spektrum Verlag Berlin 2014

Knigge, Adolph Freiherr von: Über den Umgang mit Menschen. Insel Verlag Berlin 2016

Maaz, Hans-Joachim: Die narzisstische Gesellschaft. Dtv München 2014

Mauss, Marcel: Die Gabe. Form und Funktion des Austauschs in archaischen Gesellschaften. Suhrkamp Verlag Frankfurt/M. 2016

Metzinger, Thomas: Der Ego-Tunnel. Eine neue Philosophie des Selbst. Von der Hirnforschung zur Bewusstseinsethik. Piper Verlag München 2014

Moen, Petter: Petter Moens Tagebuch. Hrsg. von Edzard Schaper. Fischer Verlag Frankfurt/M. 1959

Rizzolatti, Giacomo; Sinigaglia, Corrado: Empathie und Spiegelneurone. Die biologische Basis des Mitgefühls. Suhrkamp Verlag Frankfurt/M. 2015

Schaefer, Jürgen: Genie oder Spinner. Sind wir offen für Neues? DuMont Buchverlag Köln 2011

Stahl, Stefanie: Das Kind in dir muss Heimat finden. Kailash Verlag München 2015

Watzlawick, Paul: Anleitung zum Unglücklichsein. Piper Verlag München 2015

Ders.: Wie wirklich ist die Wirklichkeit? Piper Verlag München 2016

Zander, Hans Conrad: Als die Religion noch nicht langweilig war. Die Geschichte der Wüstenväter. Gütersloher Verlagshaus Gütersloh 2011

Websites

Empathietraining

http://www.compassion-training.org/de/online/files/assets/basic-html/index.html#1

Hilfe bei Cybermobbing

www.buendnis-gegen-cybermobbing.de
www.klicksafe.de
www.juuuport.de
www.save-me-online.de

Hilfsangebote für Einsamkeit (vor allem im Alter)

www.silbernetz.org
www.wegeausdereinsamkeit.de
www.das-beratungsnetz.de

Anmerkungen

1 Goleman, Daniel: EQ. Emotionale Intelligenz. Dtv München 2015. S. 12

2 Cacioppo, John T.; Patrick, William H.: Einsamkeit. Woher sie kommt, was sie bewirkt, wie man ihr entrinnt. Spektrum Akademischer Verlag Heidelberg 2011. S 106

3 Bauer, Joachim: Prinzip Menschlichkeit. Warum wir von Natur aus kooperieren. Heyne Verlag München 2014. S. 88

4 Der Psychiater und Buchautor Manfred Spitzer hat aus einer amerikanischen Langzeitstudie (»Framingham Heart Study«) abgeleitet, dass Einsamkeit ähnlich ansteckend wirkt wie Viruserkrankungen und sich in unserer Zivilisation zum flächendeckenden Problem entwickelt. Vgl. Spitzer, Manfred: Einsamkeit. Die unerkannte Krankheit. Schmerzhaft. Ansteckend. Tödlich. Droemer Verlag München 2018. S. 83ff.

5 Bauer, Joachim: Warum ich fühle, was du fühlst. Intuitive Kommunikation und das Geheimnis der Spiegelneurone. Heyne Verlag München 2016. S. 114

6 Manfred Spitzer liefert eine gute Übersicht, auch wenn er

manche Statistik vielleicht ein wenig extrem interpretiert. Spitzer, a. a. O. S. 143ff.

7 Die Statistiken schwanken, je nach Grad der Einsamkeit. Eine Langzeitstudie der Florida University ergibt, dass einsame Menschen um vierzig Prozent häufiger an Demenz erkranken: www.stern.de/gesundheit/demenz-und-einsamkeit-demenzrisiko-steigt-bei-gefuehlter-einsamkeit-8426636.html

8 Spitzer, a. a. O. S. 163

9 Bei einer Addison-Krise kommt es, als Reaktion der Hypophyse auf den Ausfall der Nebennierenrinde, zu einer gesteigerten Ausschüttung von ACTH und der vermehrten Freisetzung von Melanotropin, was in der Folge zur Braunfärbung der Haut führt.

10 Das Sprichwort »Geteiltes Leid ist halbes Leid« wurde zum Beispiel durch EKG- und Hirnstrom-Messungen bestätigt. Versetzt man Personen einen schmerzhaften Stromstoß, dann empfinden sie den Schmerz, wenn sie währenddessen von einer geliebten Person berührt werden, weniger stark. Auch die physiologischen Krisenreaktionen fallen deutlich schwächer aus. Goldstein, Pavel; Weissman-Fogel, Irit; Shamay-Tsoory, Simone G. in: Scientific Reports, Band 7, Artikel Nummer: 3252 (2017)

11 Haller, Reinhard: Nie mehr süchtig sein. Leben in Balance. Ecowin Verlag Salzburg 2017. S. 9

12 Moen, Petter: Petter Moens Tagebuch. Hrsg. von Edzard Schaper. Fischer Verlag Frankfurt/M. 1959. S. 24

13 Besonders deutlich kommt dies bei Autofahrern zum Vorschein. In einer kanadischen Studie hielten sich neunzig Prozent aller Befragten für besonders gute Autofahrer. Solange jeder in seinem mehr oder weniger schalldichten Auto vor sich hin schimpft und dabei trotzdem konzent-

riert bleibt, ist das ungefährlich. Bei sommerlicher Hitze und geöffneten Scheiben ist der Krach vorprogrammiert. Von der Unfallgefahr durch Selbstüberschätzung ganz zu schweigen. Vgl. www.zeit.de/2014/24/dunning-kruger-effekt-stimmts

14 Bauer, Joachim: Warum ich fühle, was du fühlst. Intuitive Kommunikation und das Geheimnis der Spiegelneurone. Heyne Verlag München 2016. S. 118

15 Der Spiegel, Heft 32, Hamburg, 06.08.2016. S. 60

16 Der Spiegel, a. a. O. S. 54

17 Bauer, Joachim: Warum ich fühle, was du fühlst. a. a. O. S. 39

18 Katzer, Catarina: Cybermobbing. Wenn das Internet zur Waffe wird. Springer Spektrum Verlag Berlin 2014. S. 105

19 Katzer, Catarina: a. a. O. S. 93

20 Holzberg, Oskar: Neue Schlüsselsätze der Liebe. DuMont Buchverlag Köln 2017. S. 33

21 Fromm, Erich: Die Kunst der Liebe. Manesse Verlag Zürich 2015. S. 40

22 Watzlawick, Paul: Anleitung zum Unglücklichsein. Piper Verlag München 2015. S. 41

23 Vgl. die amüsante und detailreiche Darstellung in: Zander, Hans Conrad: Als die Religion noch nicht langweilig war. Die Geschichte der Wüstenväter. Gütersloher Verlagshaus Gütersloh 2011

24 Vgl. Spitzer a. a. O. S. 220

25 Spitzer a. a. O. S. 225

26 Vgl. z. B. www.spiegel.de/gesundheit/psychologie/dankbarkeit-die-wurzel-fuer-gesundheit-und-wohlbefinden-a-1124119.html

27 De Waal, Frans: Der Affe in uns. Warum wir sind, wie wir sind. Hanser Verlag München 2006. S. 9f.

28 Elias, Norbert: Über die Einsamkeit der Sterbenden. Suhrkamp Verlag Frankfurt/M. 2002. S. 29

29 Vgl. z. B.: Maaz, Hans-Joachim: Die narzisstische Gesellschaft. Dtv München 2014

30 Dogs, Christian Peter; Poelchau, Nina: Gefühle sind keine Krankheiten. Ullstein Verlag Berlin 2017

31 Dogs; Poelchau, a. a. O. S. 121

32 Vgl. Meldung von Spiegel Online vom 29.11.2018, http://www.spiegel.de/gesundheit/diagnose/usa-lebenserwartung-sinkt-durch-drogen-und-suizide-a-1240993.html

33 Knigge, Adolph Freiherr von: Über den Umgang mit Menschen. Insel Verlag Berlin 2016. S. 127

Erste Auflage 2019
© 2019 DuMont Buchverlag, Köln
Alle Rechte vorbehalten
Umschlaggestaltung: Lübbeke Naumann Thoben, Köln
Satz: Fagott, Ffm
Gesetzt aus der Garamond MT, der Caslon und der Futura
Druck und Verarbeitung: CPI books GmbH, Leck
Gedruckt auf säurefreiem und chlorfrei gebleichtem Papier
Printed in Germany
ISBN 978-3-8321-9878-7

www.dumont-buchverlag.de